ちくま新書

日本人が知らない戦争の話

——アジアが語る戦場の記憶

1736

山下清海
Yamashita Kiyomi

日本人が知らない戦争の話

——アジアが語る戦場の記憶

【目次】

はじめに

アジア・太平洋戦争について、日本人として知っておきたい、いや忘れてはいけないことがある。それを一冊の本にまとめることが本書の目的である。

アジア・太平洋戦争は、かつて太平洋戦争と呼ばれていた。その呼び方が示唆するように、日本とアメリカとの戦争というイメージが日本では根強く、中国や東南アジアにおける日本軍の侵攻や占領統治についての関心は薄れがちであった。戦争をテーマとする歴史小説、戦争を記録した本や写真集、軍人の伝記などは多く見られるものの、アメリカ軍との戦争に比べて、戦場となった中国・東南アジア地域で生活していた住民や、軍人ではない日本の民間人などについてはそれほど知られていない。だが、戦争とは単に敵味方が争うものではない。戦闘が繰り広げられるその場所は、多くの住民が暮らしている場だったのだ。

私は、大学院生のときに、シンガポールの南洋大学（一九八〇年にシンガポール大学と合併し、シンガポール国立大学となる）に留学した。一九七八年から一九八〇年にかけての二年間である。

留学中、映画館で台湾の映画をよく見た。台湾の映画は、せりふが華語で、スクリーンの下に漢字の字幕が出てくるので、華語を勉強するのにとても役に立つ。ある日、日本統治時代の台湾を舞台にした映画を見ていたときのこと。そろそろ終わりというところで、突然、原爆のきのこ雲のシーンが出てきた。その瞬間、観衆から一斉に拍手が沸き起こり、その大きな音の渦の中で、「日本が負けた。戦争が終わった」とのせりふが聞こえた。私は、周囲の人に日本人であると知られるのを恐れ、とっさに下を向いた。

平日の昼間だったので、映画館の客のほとんどは高齢者であった。一九七九年、戦争が終わって三四年が過ぎていた。しかし、彼らは「占領者」である日本のことを忘れてはいなかった。シンガポールの華人は、一九四二年二月一五日、日本軍によりシンガポールが占領されてから、一九四五年九月一二日に日本軍が正式に降伏するまでの期間を「暗黒の三年八か月」（黒暗的三年零八個月）と呼んでいる。そのことを、私は強烈な経験によって思い知らされたのである。

将来は東南アジア研究者を目指していたので、留学前から東南アジアに関してはある程度の知識を持っているつもりでいた。しかし、留学中に東南アジアの各地を巡るなかで、私のアジア・太平洋戦争に関する知識には、東南アジアの人びとの視点が大きく欠けていることに気づかされた。

また大学の教員となり、東南アジア、中国、アメリカなど世界各地について講義するなかで気にかかったのが、アジア・太平洋戦争に関する日本の大学生の知識の乏しさであった。その多くは高校の世界史や日本史の授業で、アジア・太平洋戦争について学んできているはずだ。しかし彼らは、この戦争についてよく知らなかった（思い起こせば、それは今の学生だけではない。私が高校生のときも、歴史の授業では「時間がないので、太平洋戦争のところは、自分で勉強しておきなさい」と言われた記憶がある）。特に戦場となった東南アジア、中国、朝鮮半島での日本軍の活動実態に関する知識はきわめて少ない。本書ではシンガポールの歴史教科書における記述を紹介するが、この点で日本の学生は他のアジア地域の学生たちと大きなギャップがある。

戦争は過去の一時期の話だけで終わるものではない。今につながる話であることを認識する必要がある。二〇二二年二月二四日、ロシアはウクライナへ軍事侵攻を始めた。このロシアによるウクライナ侵略のニュースに日々接していると、ロシア軍が、アジア・太平洋戦争における日本軍と重なってくる。中国東北部に侵攻して「満洲国」をつくり、東南アジアを占領した日本軍は、ウクライナ侵攻におけるロシア軍の行動と共通するところが多い。ロシア軍の発表は、あたかも大本営発表と同じように聞こえてくる。

戦場となった地域では、兵士や一般の住民が攻撃で亡くなるだけでなく、兵士による強奪、虐殺、強姦、強制連行なども行われている。アジア・太平洋戦争に関する知識があれば、ウクライナでの戦争は、日本から遠いところで行われていることではすまされないはずである。

私はアジア各地のかつての戦場を巡るなかで、先の戦争について日本人として忘れてはいけないことは何か、ずっと考えてきた。以下では、それらについて地域ごとにみていく。

「第1章　中国侵攻」では、まず満洲事変、満洲開拓、七三一部隊、満洲映画協会などを取り上げ、ついで盧溝橋事件、南京大虐殺、重慶爆撃、ノモンハン事件から南進論への過程をみていく。

「第2章　マレー半島侵攻とシンガポールの陥落」では、一九四一年一二月八日のマレー半島上陸から翌年二月一五日のシンガポール陥落までの約七〇日間の日本軍の行動を、できるだけ現地の視点から追っていく。

「第3章　日本占領下のシンガポールとマレー半島」では、日本軍による華人大虐殺、現地の華人に対する強制献金、皇民化政策を取り上げたのち、現地の教科書で日本軍がどのように捉えられているかを考察する。

「第4章　東南アジア各地への侵攻」では、インドネシア、タイ、フィリピンなどでの日本軍の行動を、現地の人びと、捕虜などに注目しながら捉える。

最終の「第5章　日本の敗戦」では、中国に残された満洲開拓団員などの残留日本人、戦犯となった日本軍兵士、シベリア抑留者、シンガポールでの華人虐殺者の遺骨発見など、戦争は一九四五年八月一五日の「終戦」で終わったわけではないことを改めて確認し、アジアの視点から戦争を捉えなおす意義について考えていく。

＊

本書の執筆に際しては、私自身の体験を中心にしながらも、多くの文献・資料などを参考にさせていただいた。本書は学術専門書ではなく、多くの一般読者を想定して執筆したものであり、各所において参考にした文献情報の明示はできるだけ控えさせていただいた。もっと深く知りたい方は、巻末の参考文献をご覧いただきたい。なお、文中の人物の敬称については略させていただいた。そのほか、本文中の引用については原則として新字新かなに改めた。

第１章
中国侵攻

日本軍の無差別爆撃を受ける重慶市街

1 満洲事変

†満洲事変の始まり、柳条湖事件

戦争とは、ある日突然、誰も予想もしないようなかたちで起こるものではない。そこには開戦に至る流れが多かれ少なかれ存在するものである。

本章では、まず一九四一年一二月八日、日本軍によるマレー半島への奇襲上陸およびハワイ真珠湾への奇襲攻撃に至るまでの経緯を、少し時間をさかのぼりながら整理しておきたい。

近代化を推し進めつつ朝鮮や中国東北地方へ進出する機会をうかがっていた日本は、一九〇四（明治三七）—〇五年の日露戦争に苦心の末に勝利する。その講和条約であるポーツマス条約により、日本は遼東半島南端の関東州（旅順・大連などの地域）を租借地として入手したほか、ロシアから東清鉄道南満洲支線の旅順・長春間の鉄道運行を獲得した。

これをうけて翌一九〇六年に南満洲鉄道株式会社、いわゆる満鉄が設立された。

この満鉄と関東州の守備隊として一九一九（大正八）年に参謀本部直属として設置されたのが関東軍であった。ちなみに関東とは山海関（万里の長城の最東端の関）の東という意味である。

一九三一（昭和六）年九月一八日、奉天（現・遼寧省の省都、瀋陽）郊外の柳条湖で日本の関東軍が南満洲鉄道を爆破した。関東軍は、この爆破が中国軍の犯行であると主張し、その報復のための軍事行動を始め、満洲事変に発展していった（図1-1-1）。

図 1-1-1　満洲地図

ここで、「満洲」と「満州」の表記について説明しておこう。

清朝を建国した女真《じょしん》は、中国東北部に居住するツングース系民族の一種であった。清朝成立後、女真は満洲人と呼ばれるようになった。「満洲」とは民族名であり、満洲人の土地という地域名でも「満洲」が用いられるようになった。

日本では、「満洲」の「洲」が当用漢字や常用漢字にないこともあり、新聞・テレビなどでは、「洲」の書き換え字として「州」が多く用いられる。これは、私が専門的に研究してきた「華僑」も、「僑」が当用漢字・常用漢字にないために「華僑」の言い換えとして「華商」という表記が使われてきたのと類似する点が多い。高校で使われている日本史や世界史の検定済み教科書などでも「満州」と表記されている。一方、学術研究書では本来の「満洲」が用いられることが多く、本書の表記においても「満洲」で統一する。

†九・一八歴史博物館

柳条湖は現在の瀋陽駅から東北へ約八キロメートルのところにある。そこに建てられているのが九・一八歴史博物館だ。「九・一八」とは、柳条湖事件が発生した日であり、中国では柳条湖事件は「九・一八事変」と呼ばれている。暦のかたちをした旧館（一九九一年開館）の前に（写真1-1-1）、一九九九年に開設された新館が現在の九・一八歴史博物館だ。その規模は大きく、写真やパネルを用いて柳条湖事件について解説されており、抗日戦争期の資料なども多数展示されている。九・一八歴史博物館は、中国における愛国主義教育の施設の役割も果たしてきた。

館内の説明案内では中国語以外に英語とともに日本語も併記されており、日本人参観者の来訪も期待されていることがうかがえる（写真1-1-2）。私が訪問したとき、大型バスでやってきた中国人団体と出くわした。展示を見ている彼らの会話のなかから、たびたび「小日本《シアオリーベン》」と言う単語が聞こえてきた。「小日本」とは、日本および日本人に対する中国語の蔑称である。中国で抗日のデモや集会が発生した際のテレビニュースでも、プラカードなどに「小日本」と書かれているのを目にすることがある。

写真 1-1-1　九・一八歴史博物館旧館　旧館には、柳条湖事件が起こった1931年9月18日金曜と書かれている（筆者撮影）

この「小日本」に関連して思い出すことがある。

一九七五年、私は東京の中国語学校に通って中国語を勉強し始めた。そのときに用いていた中国語学習の入門教科書（中国語版）には、たびたび「東洋鬼子《ドンヤングイズ》」という語が出てきた。当時の私には、どのような意味なのかわからなかった。後年、その教科書の日本語版を入手したが、そこには「東洋鬼子」とい

写真 1-1-2　九・一八歴史博物館の案内板　上部に左から中国語・英語・日本語でそれぞれ説明が記されている（筆者撮影）

う言葉は見当たらなかった。すべて「日本人」に置き換えられていたからである。「東洋」とは日本のことであり、「東洋鬼子」というのは日本人に対する中国語の蔑称だったのである。

九・一八歴史博物館の案内板には、次のように書かれていた。

本館は九・一八事変から六〇周年の一九九一年に建てられた。その後増改築され、一九九九年九月一八日に新館が完成した。新館に掲げられた館名は、江沢民総書記が書かれたものである。新館内には、かつて東北人民が日本軍国主義に無残に侵略された後も、奮い立って反抗を続け、勝利を収めたという歴史絵巻を物語っている。九・一八歴史博物館は、大規模な現代化的愛国主義教育を呼びかけ、また国防教育基地の一つとなっている。

†中国では「偽満洲国」

満洲事変の始まりである柳条湖事件は、中国ではどのように捉えられているだろうか。中国の主要メディア『人民日報』の日本語サイト、人民網日本語版に「九一八事変から九〇年、国辱忘るべからず」（二〇二一年九月一八日付）という記事が掲載された。その一部を紹介しよう。

> 今日で九一八事変（満洲事変）から九〇年が経つが、中国はこの国辱を忘れてはいけない。一九三一年九月一八日夜、中国東北エリアに駐留していた日本の関東軍は、瀋陽柳条湖近くに日本が建設した南満洲鉄道の線路を鉄道「守備隊」に爆破させ、これを中国軍の仕業とする陰謀計画を実行した。関東軍はこれを口実に中国東北軍の北大営を砲撃して、中国国内外を震撼させる「九一八事変」を引き起こした。翌日には瀋陽を侵略した関東軍はその後、東北三省を次々と占拠していった。一九三二年二月に東北エリア全域が陥落すると、日本はこの地に偽満洲国（強調は引用者）の傀儡《かいらい》政

写真 1-1-3　偽満皇宮博物院にある「偽満洲国皇宮」溥儀に関する説明の石碑（筆者撮影）

権を樹立。現地の中国人にとって一四年間にわたる強制労働と植民地支配の始まりとなり、このエリアの中国人三〇〇〇万人以上が亡国の民として辛酸をなめつくした。九一八事変は日本が意図的に生み出し、発動した中国侵略戦争であり、日本帝国主義の中国侵略の始まりとなった。そして九一八事変は世界反ファシズム戦争の起点でもあり、第二次世界大戦の東洋における戦争の幕開けとなった。

この記事にあるように、中国にとって満洲事変は、決して忘れてはいけない国辱の出来事と捉えられている（「国辱」とは、国家または国民として自ら恥ずかしく思うという意味）。中国では、満洲国に言及する場合には必ず「偽満洲国」と表記される。日本側が用いる「満洲国」は日本が中国から盗んだ領土であるため、中国としては絶対認めることはできず、あえて言及しなければならない際には「偽満洲国」と表記するのである。

柳条湖事件を契機に、関東軍は現在の遼寧、吉林、黒竜江の東北三省（および内モンゴル自治区の東部を含む）を武力占領し、清朝最後の皇帝、愛新覚羅溥儀《あいしんかくらふぎ》を執政に擁立して一九三二年三月、満洲国として独立させた。溥儀は一九三四年三月から一九四五年八月まで満洲国皇帝を務め、首都は新京（現在の吉林省長春市）に置かれた。

長春には、満洲国皇帝、溥儀の宮殿があり、満洲国における日本軍の占領政策の歴史を理解するために「偽満皇宮博物院」として公開されている（写真1－1－3）。

写真1-1-4　長春の旧関東軍司令部の跡地
現在は中国共産党吉林省委員会の施設となっている（筆者撮影）

関東軍司令部は、長春の中心部に設けられた。その外観はあたかも日本の城の天守閣をイメージしたかのようである（写真1－1－4）。旧関東軍司令部は、現在、中国共産党吉林省委員会の施設となっている。私が道路の反対側からカメラを構えた途端、警備員が大声で何かを叫んで前に出てきた。写真を撮るなという警告のようであった。

†「日本人は今でもマンシュウと呼んでいるのか」

ここで、中国人が「満洲」についてどのように捉えているのか、エピソードを一つ紹介しておこう。

遼寧省の省都、瀋陽出身の中国人留学生が、東京のある大学の大学院を受験した。そのときの面接試験で、面接教員は願書を見て、「あなたの出身地は瀋陽なんですか。マンシュウですね」と言ったという。

現代においても日本人が「マンシュウ」と言っているのを聞いて、この中国人受験生は、大きなショックを受けた。「まさか、今の日本で、しかも大学院の面接試験で、大学教員から「マンシュウ」という言葉が出てくるなんて……。その後、頭の中がパニックになりました」。面接が終わったその日、彼女は中国の両親にそのことを電話で話すうちに、泣き出してしまったという。

私は、瀋陽に行ったとき、彼女の両親に直接会って話を聞く機会があった。「娘が泣きながら東京から電話してきたのは、よく覚えていますよ」とのことであった。

私が想像するに、そのときの面接試験の教員は、瀋陽と聞いて「旧満洲」あるいは「かつての満洲」と言ったのではないだろうか。受験生だった彼女はおそらく、いきなり出てきた「マンシュウ」という言葉を聞いて、「まさか今でも日本人はマンシュウと呼んでいるのか」とショックを受けたのであろう。

ちなみに彼女は受験した大学院に見事合格し、修士号を取得して帰国、その後は瀋陽で日本の航空会社の支店に就職した。

†「満洲は日本の生命線」

つぎに満洲事変直前の日本国内が、どのような状況であったのか整理しておこう。

一九二九（昭和四）年にアメリカから始まった世界恐慌は、翌一九三〇年から三一年にかけて日本経済にも大きな打撃を与えた。日本の主要な輸出品であったアメリカ向けの生糸輸出が激減したことで養蚕業で栄えていた農村は疲弊し、日本経済全体が深刻な状況に追い込まれるなかで多くの銀行や会社が倒産した。昭和恐慌である。

日本国内だけでは景気回復が困難であったため、広大な満洲を占領・開拓することで日本を豊かにしようと考え出されたのが満洲開拓であった。「満洲は日本の生命線」というスローガンも生まれた。

満洲開拓は昭和恐慌で疲弊した農村の経済の立て直し、食糧増産などを目的に推し進められた。そこには、満洲国の支配、防衛といった軍事的な目的もあった。

一九三二(昭和七)年に第一次移民が送り出されたが、第二次移民までは在郷軍人主体の武装移民であった。一九三五年の第四次移民までは試験移民であった。

一九三六年から、満洲農業移民一〇〇万戸移住計画が国策として制定された。この計画は、五反(五〇アール)以下の農地しか持たない貧しい小作農を二〇年間で一〇〇万戸、満洲に移住させるというものであった。最終的に、一九四五年の敗戦時には満洲開拓団員は約二七万人に達し、そのうち約八万人が亡くなったといわれる。

満洲開拓団員をもっとも多く送り出したのは長野県であった。その要因として、山岳地帯が多いため耕作地が少なく、重要であった養蚕業や林業が昭和恐慌によって深刻な打撃を受けたことで「行き場がない」状況の農家の次男・三男が多かったことが挙げられる。

一九三七(昭和一二)年に始まった日中戦争により、国内労働力の需要が高まり、満洲開拓移民を送り出すことが困難になった。このため新たに考え出されたのが、若年層を送り出す満蒙開拓青少年義勇軍であった。

数え年一六歳から一九歳の青少年に、茨城県の内原(現在の水戸市の南西部)の内地訓練所で二か月基礎訓練を行った後、満洲各地の訓練所へと送り、そこで三年間訓練させた。一九三八年から四五年の敗戦まで、八万六〇〇〇人もの青少年が満洲へ送り出されたという。

満洲に送り出された移民には、一九四五年八月の戦争末期、悲惨な状況が待っていた。これについては第5章で取り上げることにする。

†ハルビン郊外の七三一部隊

一九三二(昭和七)年三月、満洲国が建国されると、同年八月、陸軍軍医学校防疫部に防疫研究室が開設され、満洲においても同様の施設が設置された。さらにハルビン中心部から南へ約二四キロ、現在のハルビン市平房区にあたる場所に、一九三六年、関東軍防疫給水部(通称、満洲第七三一部隊)の研究施設が新設された。

七三一部隊は、部隊長の石井四郎陸軍軍医中将の指揮下で中国人やソ連人の捕虜ら三〇〇〇人以上を生体実験に供し、細菌兵器の開発を行う秘密の特殊機関であった。七三一部隊には、一九四五年の終戦直前において、三五〇〇人あまりの軍人、軍属が所属していたといわれる。

一九四五年八月八日、関東軍の電報でソ連軍対日宣戦布告の知らせを受けると、石井四郎ら七三一部隊の中心メンバーはただちに日本へ帰国した。その直前、細菌兵器研究の施設や資料などを証拠隠滅のため焼却し、一部の重要な研究資料などは日本へ持ち帰った。

終戦後、これらの資料をアメリカ軍に提供することによって、七三一部隊の関係者は戦犯訴追を免れたといわれる。一方、山田乙三《やまだおとぞう》関東軍総司令官らはソ連軍に捕まり、一九四九年一二月のハバロフスク軍事裁判で、細菌戦の企図・遂行に関わったとして有罪判決を受け、シベリアに抑留された。帰国したのは一九五六年のことであった。

前述したように、撤退する際に資料の多くが焼却され、証拠が隠滅されたこともあり、七三一部隊の実情については不明な点が多かった。戦後、常石敬一（神奈川大学名誉教授）らの研究などにより、細菌戦の研究・遂行のため、多くの生体実験などが繰り返されていたことが明らかになってきた。また、七三一部隊には、日本各地の大学医学部などから多数の若手研究者が送り込まれていたこともわかってきた。

私が初めてここを訪れたのは、二〇〇四年であった。工場跡のような入り口には「侵華日軍第七三一部隊旧址」と書かれており、訪問者は少なかった。二〇一五年八月一五日には、新しく「侵華日軍第七三一部隊罪証陳列館」が開館された（写真1－1－5、6）。二〇一八年に訪問した際、陳列館内には、七三一部隊が当地でどのようなことをおこなっていたのかを具体的な資料にもとづいて説明する展示があり（写真1-1-7）、貸し切りバスで訪れる中国人訪問者が多く見られた。

写真 1-1-5　侵華日軍第七三一部隊旧址（筆者撮影）

写真 1-1-6　侵華日軍第七三一部隊罪証陳列館（筆者撮影）

写真 1-1-7　侵華日軍第七三一部隊罪証陳列館の展示　右側のパネルは石井四郎の経歴を紹介している（筆者撮影）

†満洲国の「影の帝王」

一九三七（昭和一二）年、満洲国と満鉄（南満洲鉄道）が出資する国策会社として満洲国の首都新京に、満洲映画協会（満映）が設立された。その目的は、日本民族・満洲民族・漢民族・モンゴル民族・朝鮮民族の「五族協和」による「王道楽土」（武力によらず、公平で思いやりのある道徳によって国を治めること）の建設をスローガンとする「満洲国」建国の理念を宣伝することであった。しかし、設立当初、満映の映画製作の実績が上がらなかったため、一九三九年、甘粕正彦《あまかすまさひこ》を新たな理事長に迎え、満映の改革が行われた。

甘粕正彦とは、どのような人物であったのだろうか。

一九二三（大正一二）年九月一日、関東大震災が発生した。その直後の九月一六日、震災後の混乱のなかで、社会運動家でアナキスト（無政府主義者）であった大杉栄《おおすぎさかえ》と内縁の妻で作家の伊藤野枝《いとうのえ》らが憲兵に連れ去られ、憲兵隊本部内で殺害される事件が起こった。この事件を引き起こしたのが、当時憲兵隊麴町分隊長であった甘粕正彦である。この「甘粕事件」の後、軍法会議で禁錮一〇年の刑を受けた甘粕は、一九二六年、恩赦によって釈放された。甘粕は陸軍の官費でフランスに留学したあと、満鉄に派遣され、一九三二（昭和七）年の満洲国建国において重要な役割を果たし、満洲国の「影の帝王」と称された。

†甘粕正彦と李香蘭

満映の発展で大きな役割を果たしたもう一人が「李香蘭」こと、山口淑子《やまぐちよしこ》であった（写真1-1-8）。李香蘭は一九二〇（大正九）年、奉天（現在の遼寧省瀋陽市）近郊で、満鉄の日本人職員に中国語を教えていた佐賀県出身の山口文雄と、その妻（福岡県出身）との間に生まれ、「淑子」と名づけられた。

幼少期から父親の影響で中国語に親しみ、中国人と仲良くしようと思って、中国語を一生懸命勉強したという。父親の友人であり家族ぐるみで交流のあった李際春（山東の軍閥の領袖で瀋陽銀行頭取）と養子縁組を交わし、一三歳のとき、山口淑子は李香蘭《リーシアンラン》という中国名をつけてもらった。このような養子縁組は、当時、親しい家族どうしではよくおこなわれていたという。

山口淑子は、もともと中国語を習得して新聞記者になりたかったが、一九三八（昭和一三）年、中国人として映画女優デビューし、以後、本人の意思に反して、日本人であることは極秘とされた。同年、日本に来たとき、中国服姿の山口淑子を見た日本人の入国係官

写真 1-1-8　満映時代の李香蘭こと山口淑子

が、「貴様、日本人か。恥ずかしくないのか」と怒鳴ったという。

山口淑子は、日本人であることを隠して売り出され、満映の専属女優として、また満映と合作の日本映画、長谷川一夫と共演の『白《びゃく》蘭《らん》の歌』（一九三九年）、『支那の夜』（一九四〇年）などで、日本人を愛する中国娘を演じた。李香蘭が歌った映画の主題歌も大ヒットした。さらに上海の中華電影にも出演し、女優として歌手として、李香蘭は日本や満洲、中国各地で大人気となった。なかでも、「夜《イエ》来香《ライシャン》」「蘇州夜曲」「支那の夜」「何日君再来《ホーリージュンツァイライ》」などは、今日の日本においても懐メロとしてよく知られる曲である。

「何日君再来」は一九三七（昭和一二）年に作られた中国の歌であったが、一九三九年、渡辺はま子が「いつの日君来るや」、そして一九四〇年、李香蘭が「いつの日君また帰る」というタイトルで歌い、日本で大ヒットした。一九七〇年代から八〇年代にかけて「アジアの歌姫」と呼ばれた台湾出身のテレサ・テン（鄧麗君）も李香蘭の歌をカバーし、多くの人びとに親しまれる曲となった。

一九四一（昭和一六）年二月一一日の紀元節に、東京の日劇で開催された「歌う李香蘭」に山口淑子は出演した。大勢のファンが大挙して押し寄せ、観客が日劇の周囲を七周り半も取り巻いたことから「日劇七周り半事件」と呼ばれた。

終戦後、「中国人」であった李香蘭は売国奴（中国語では「漢奸《かんかん》」という）であるとの疑いにより、中国で裁判にかけられた。取り寄せた山口淑子の戸籍謄本により、危ういところで日本人であることが証明されて国外追放処分となり、帰国することができた。中国の裁判で山口淑子は、「中国名で映画に出たことは間違いでした」と謝罪した。

山口淑子は帰国後、満映の理事長であった甘粕正彦について次のように語っている。

「甘粕さんは寡黙で仕事には厳格。まわりから恐れられましたが、素顔はとてもシャイで優しい方でした」（『読売新聞』一九九五年五月二九日夕刊、「映画百年」(21) 満州映画協会「日中つなぐ懸け橋に」）。その甘粕は終戦直後の一九四五年八月二〇日、青酸カリで服毒自殺した。

帰国後、山口淑子の名前で芸能活動を再開し、映画の本場、アメリカのハリウッドで、シャーリー・ヤマグチの名で活躍した。一九五一年には、著名な日系アメリカ人の彫刻家、イサム・ノグチと結婚（一九五五年離婚）。一九六九年から七四年にかけて、フジテレビのワイドショー「3時のあなた」のキャスターを務めた。その後、参議院議員を三期一八年務め、二〇一四年、九四歳で波乱万丈の人生を終えた。

山口淑子が残した次の言葉は、多くの日本人に語り継がれてほしいものである。

時代を担う若い人には、アジアの近現代史をしっかり勉強してほしい。歴史の事実を直視して、悲しい過去をもつアジアの人の痛みに理解を深めてほしいのです。それでこそ国際社会の中で、アジア人同士の友情が築かれてゆくと、私は信じているのです（『読売新聞』二〇〇一年七月六日「［時代を開いた女性たち］山口淑子さん（8）伝えたいこと」）。

2　日中全面戦争へ

†盧溝橋事件

写真 1-2-1　盧溝橋全景（筆者撮影）

満洲国の設立により中国東北部を支配した日本は、さらに華北の支配も計画していた。そのきっかけになったのが盧溝橋《ろこうきょう》事件であり、以降、日中両国は全面戦争に突入していく。

盧溝橋は、北京の中心部から南西約一五キロメートルにある、北京市豊台区を流れる永定河（旧称、盧溝河）に架かる石造りの橋である（写真1−2−1、2）。全長二六六メートル、幅七・五メートルの石造りの橋で、一一九二年に完成した。ヴェネツィアの商人、マルコ・ポーロもここを訪れ、『東方見聞録』で盧溝橋の立派さを紹介したため、「マルコ・ポーロ橋」とも呼ばれている。

一九三七年七月七日夜、豊台に駐屯していた中国北部駐屯日本軍部隊が盧溝橋付近で夜間演習中、日本軍兵士一名の行方が分からなくなり（後に発見された）、これを中国側の攻撃によるものと判断した日本軍が中国軍と衝突する事

写真1-2-2　盧溝橋の橋の上　中央の石畳は古来の姿を復元したもの。欄干には、それぞれ異なる表情をした501個の獅子の彫刻が据えられている（筆者撮影）

態となった。七月七日に起こったため、中国では「七七事変」と呼ばれている。この盧溝橋事件をきっかけに、日中間の全面戦争、すなわち日中戦争が始まったのである。

盧溝橋の近くには、盧溝橋事件を含む日中戦争全般に関する資料を展示した中国人民抗日戦争紀念館（中国語では日本語の「記念」を「紀念」と表する）が設けられている（写真1-2-3）。

この中国人民抗日戦争紀念館には、一九九五年に村山富市首相が、そして二〇〇一年には小泉純一郎首相が訪れている。そのときの小泉首相の気持ちが、外務省の発表「中国人民抗日戦争記念館訪問後の小泉総理の発言（二〇〇一年一〇月八日）」からうかがえる。

今日、私は、盧溝橋を訪れましたが、前から一度来たいと思っていました。私は歴史が好きで、いつも歴史書あるいは歴史に関する小説に興味があるので関心を持っていました。一度盧溝橋に行ってみたいなと思っていました。今日こうしてこの記念館も拝見させていただきまして、改めて戦争の悲惨さを痛感しました。侵略によって犠牲になった中国の人々に対し心からのお詫びと哀悼の気持ちをもって、いろいろな展示を見させていただきました。二度と戦争を起こしてはならないと、そういうことが戦争の惨禍によって倒れていった人の気持ちに応えることではないか、私共もそういう気持ちでこの日中関係を日中だけの友好平和のためではなく、アジアの平和、また世界の平和のためにも日中関係は大変大事な二国間関係だと思っています。

写真1-2-3　中国人民抗日戦争紀念館
手前には「1937.7.7　中国人民抗日戦争全面爆発　紀念地」とある（筆者撮影）

ここからはアジアの平和のために近隣諸国との関係を重視しようとする意向が読み取れる。こうした姿勢にもとづき、終戦記念日の首相の靖国神社参拝は長い間行われていなかった。小泉首相も二〇〇一年の自民党総裁選で終戦記念日の靖国神社参拝を公約に掲げてはいたものの、こうした事情に配慮して、八月一五日を避けて八月一三日などに靖国神社に参拝していた。だが、首相を退任する直前の二〇〇六年八月一五日、小泉首相は靖国神社参拝に踏み切り、中国側の激しい反発を引き起こした。これは現職首相としては二一年ぶりとなる終戦記念日の参拝となった。

†反日ムードが高まる中国の夏

一九八一年一月、福建省の省都、福州から寝台車に乗り、朝、上海駅に着いた。一人旅であった。駅舎を出てタクシー乗り場を探すと乗合タクシー・スタンドがあった。五〇代前後の婦人が乗客に行き先を尋ねて、どの乗合タクシーを利用するか仕分けをしていた。私が中国語で行き先を告げて料金を尋ねたりしていると、彼女は「あんたは本当に日本人かい？　そうは見えないけど」と言った。「私、日本人ですよ」、「イメージが違うけど。あんたはやさしそうに見えるよ」、「おばさんは、日本人と実際に会ったこと、あるんですか？」、「あんたが生まれて初めての日本人だよ」というやり取りになった。

彼女のように、中国人のなかには、学校教育や映画、テレビドラマなどを見ながら残酷な日本人イメージを抱いてきた人が少なくないようだ。アジア・太平洋戦争中、多くの日本人が、中国人や東南アジアの華人（今日の東南アジアでは、華僑ではなく華人と呼ぶのが一般的である）に対して、抗日的というイメージをもっていたのと同様である。

中国では、毎年、盧溝橋事件が発生した七月七日から柳条湖事件の九月一八日まで、抗日戦争を題材にした映画やドラマが集中的に放映・上映され、反日ムードが高まる時期となる。中国では、柳条湖事件が発生した九月一八日は、日本による侵略を許した「国辱の日」とされている。

二〇一〇年九月七日、尖閣諸島で違法操業中の中国漁船が巡視船に衝突する尖閣諸島中国漁船衝突事件が発生した。さらに二〇一二年四月には、石原慎太郎東京都知事が、東京都が募集した尖閣諸島寄付金をもとに地権者から尖閣諸島を買い取る方向で基本合意したことを明らかにし、これに中国政府が激しく反発した。日本政府（民主党政権、野田佳彦内閣）は、中国政府の反発を和らげ「平穏かつ安定的な維持管理」をするためとして、二〇一二年九月一一日、尖閣諸島を正式に国有化した。

しかし、日本政府の期待とは裏腹に、この尖閣諸島国有化は中国での反日運動をさらに高め、大規模な抗議活動に発展した。北京では、反日デモ参加者が日本大使館に向かって石、卵、トマト、ペットボトルなどを投げ、大使館に押し入ろうとした。上海、南京、重慶など中国各地でも、日系のスーパーマーケット、コンビニエンスストア、工場、日本料理店などが攻撃、略奪、放火された。街中を走っていた中国人が運転する日本車も破壊されたという。

最近においても、「反日ムードが高まる中国の夏」に関連するニュースがあった。『読売新聞』（二〇二一年一〇月一九日）の記事「中国がソニーに罰金」は、次のように伝えている。

中国当局は、日中戦争の発端となった一九三七年七月七日の盧溝橋事件から八四年にあたる日に新製品を発表するとの広告を出し、国家の尊厳を損ねたとして、ソニーの中国法人に罰金一〇〇万元（約一七七八万円）を科した。

†南京大虐殺

一九三七（昭和一二）年七月七日に盧溝橋事件が起こったものの、華北における戦闘は、中国軍の抵抗で膠着《こうちゃく》状態にあった。同年八月九日、上海の虹橋飛行場付近で大山勇夫《おおやまいさお》中尉が中国保安隊員によって射殺された。この「大山事件」を契機に、日本軍は上海を攻撃するとともに、上海の南の杭州湾に大軍を上陸させ、日中戦争が全面化していった。日本軍は台湾や長崎から爆撃機を飛ばして上海を爆撃した。

日中戦争の全面化にともない、それまで対立を繰り広げていた中国国民党と中国共産党は、一九三七年九月、第二次国共合作に合意し、抗日民族統一戦線を成立させた。一一月、日本軍が上海を占領したあと、戦線は南京、武漢などに拡大していった。同年一二月一三日、日本軍は中華民国の首都であった南京を占領した。国民政府はすでに首都を南京から武漢に、さらには長江上流の重慶へと臨時に遷都していた。

日本軍は南京を占領して以降、約二か月にわたって多数の中国軍捕虜や民間人を殺害、暴行し、同時に略奪、放火などをおこなった。文部科学省検定済高校日本史B教科書をみると、これを「南京事件」と呼んでいる教科書と「南京大虐殺」と呼んでいる教科書に分かれる。山川出版社『詳説日本史　改訂版』(二〇一七年発行)では、本文ではなく脚注に次のような説明がなされている。

南京陥落の前後、日本軍は市内外で略奪・暴行を繰り返したうえ、多数の中国人一般住民(婦女子を含む)および捕虜を殺害した(南京事件)。南京の状況は、外務省ルートを通じて、早くから陸軍中央部にも伝わっていた。

ここでは、日本軍によって殺害された人数についてはまったく言及がない。この殺害人数については、中国側が三〇万人と主張しているのに対し、日本側は数万人あるいはそれよりもっと少ないと主張するなど、両者の見解は大きく分かれている。戦後、南京大虐殺については、南京軍事法廷や極東国際軍事裁判でも取り上げられたが、その真相については不明瞭のままである。

†南京大虐殺記念館

南京市建鄴区に位置する南京地下鉄二号線の「雲錦路」駅で下車し、大きな人の流れに沿って歩いていくと、「侵華日軍南京大屠殺遇難同胞紀念館」(中国侵略日本軍による南京大虐殺犠牲者同胞記念館)の入り口がある。この場所は、江東門という大虐殺の現場で、南京大虐殺の犠牲者の埋葬地であったため、「江東門紀念館」とも呼ばれる。

この記念館が設立されたのは一九八五年であるが、そこには次のような背景がある。

一九八三年から使用される日本の高校歴史教科書の検定において、文部省(現在の文部科学省)が、「華北侵略」を「華北進出」に、「中国への全面侵略」を「中国への全面進

写真1-2-4　南京大虐殺記念館のモニュメント（左）とそれをバックに写真を撮る中国の若者（右）（筆者撮影）

攻」に、そして南京大虐殺については「中国軍の激しい抵抗にあい、日本軍の損害も多く、これに激昂した日本軍は多数の中国軍民を殺害した」と修正させたと、日本の新聞・テレビ各社が一九八二年六月に報じた（のちになって、これらの報道は事実に反することが判明した）。中国は、これらの報道に対して、「歴史の真相を歪曲するものであり、同意できない」と強く抗議し、日中間の歴史教科書問題に発展していった。

翌一九八三年、南京市は、南京大虐殺犠牲者のための記念館を建設することを決定し、侵華日軍南京大屠殺遇難同胞紀念館が一九八五年八月一五日に開館したのである。その後、幾度かの改修、拡張を重ね、現在に至っている。

この記念館の入り口付近には、虐殺された中国人をイメージした多数のモニュメントが屋外に展示されている。悲惨なモニュメントをバックに、SNSに投稿するためにさまざまなポーズをとりながらスマホのカメラで撮影する若者の姿が多く目につく（写真1－2－4）。

私が訪問した際に、二〇歳前後の中国人の娘さんから、スマホのカメラのシャッターを押してほしいと頼まれた。彼女は私を中国人だと思っているようだった。撮った写真をチェックしている彼女に「私、日本人です」と中国語で話すと、びっくりした表情になり、無言のまま立ち去っていった。「南京大虐殺の記念館で、まさか日本人にシャッターを押してもらうとは……」と驚かせてしまったようだ。

写真1-2-5　南京大虐殺記念館の碑　上から中国語、日本語、韓国語など11の言語で犠牲者数（30万人）が書かれている（筆者撮影）

さまざまな展示のなかで、ひときわ目立つのが、犠牲者数「三〇万人」である。中国語（「遇難者」と表示）、日本語（「遭難者」と表示）、ハングル、ロシア語など一一の言語で表記されている（写真1－2－5）。

私は、南京では中国のその他の地域に比べ、反日意識が高いのではないかと思い込んでいた。しかし、南京の中心部の新街口などの繁華街を歩くと、日本料理店が各所で見られ、客の多くは若者であった。

†重慶爆撃

一九三七（昭和一二）年一二月、首都南京が日本軍の総攻撃を受ける直前の同年一一月、中国国民政府は重慶に遷都し、ここを抗日戦争の拠点とした。

重慶は、全長六三〇〇キロメートルの世界第三位の大河である長江の上流に位置する大都市である。なお、以前、日本では長江を「揚子《ようす》江《こう》」と呼んできたが、揚子江は長江の河口近くの呼称である。今日、日本の学校教科書でも長江が用いられている。下流域に位置する上海からは、南京、武漢などの大都市を経由して二四〇〇キロメートルほどさかのぼったところに重慶は位置する（図1-2-1）。

図 1-2-1　重慶の位置

重慶には、北から流れ下ってきた嘉陵江が長江と合流する地点に、中心市街地が形成されている。平坦地が少なく起伏に富んだ地形で、そこに高層ビルが林立している（写真

写真1-2-6　長江の河岸に形成された大都市、重慶　長江は写真の左から右へ流れる（筆者撮影）

写真1-2-7　渝中区にある重慶大爆撃惨劇遺跡（筆者撮影）

1-2-6)。

蒋介石の国民政府を壊滅するため、日本軍は臨時首都となった重慶へ無差別爆撃を繰り返した。沿岸部から遠く離れた重慶まで地上部隊を投入できなかった日本軍は、一九三八（昭和一三）年一二月から一九四一年九月まで爆撃を繰り返し、その回数は二一八回に及んだ。当初は、飛行場・軍事施設・政府関係機関などに目標を限定していたが、しだいに軍事目標と市民を区別しない無差別爆撃に変わっていった。無差別爆撃による直接の死者だけで一万一八八五人に上るという調査もある。

特に一九四一年六月五日の爆撃では、防空トンネルにいた七〇〇〇人あまりの市民が窒息死、圧死したという。この日は、のちに「重慶大爆撃の日」となった。戦後、重慶市内中心部の渝中区鄒容路と五四の交差点には、重慶大爆撃惨劇遺跡が設立された（写真1－2－7）。最終的に日本軍は、重慶を攻略できないまま終戦を迎えることになった。

このような無差別爆撃をこうむった重慶は、中国のなかでも反日感情が強い地域と言われている。前述したように、中国の夏は反日感情が高まる時期である。二〇〇四年七月から八月、北京、重慶、成都（四川省）、済南市（山東省）の四都市で、アジアサッカー連盟（AFC）主催の「AFCアジアカップ2004」が開催され、最終的には日本が優勝した。

七月三一日、日本対ヨルダン戦の準々決勝が重慶で行われた。日本の国歌演奏や試合中に激しいブーイングが起き、PK戦で日本が外すと場内から大歓声が沸き起こった。結局、日本はこの試合で勝利を収めたものの、勝利が決まった瞬間、歓声を上げる日本のサポーターに周りの観衆から紙コップなどのゴミが投げつけられ、罵声が浴びせられた。インターネット上の掲示板などでは、日中戦争で行った日本軍の重慶爆撃に触れながら、「日本選手はブーイングの意味をよく理解すべきだ」との声もあったという。

写真1-2-8　辻政信参謀

†ノモンハン事件から南進論へ

一九三九（昭和一四）年五月、満洲国とモンゴルの国境のノモンハン付近で、あいまいであった満蒙国境線をめぐって武力紛争が起こった。ノモンハン事件と呼ばれるこのソ連・モンゴル軍の連合軍との戦いで関東軍は実質的な敗北を喫し、ソ連軍の戦車などに比べて装備面で大きく後れをとっていることが判明した。ノモンハン事件を契機に、日本軍は満洲・シベリア方面への進出を目指す北進論を断念し、東南アジア方面への進出を企てる南進論へ転換することになる。

このノモンハン事件の軍事作戦に参謀として関わったのが、辻政信であった（写真1-2-8）。陸軍大学校を卒業した辻は、関東軍参謀などを歴任し、作戦指導にあたったノモンハン事件では強硬論を主張した。次章で述べるマレー半島上陸作戦およびシンガポール陥落後の華人大虐殺においても、作戦参謀として辻が果たした役割は非常に大きかった。

ともあれ、蔣介石率いる国民党軍は、武漢から臨時に首都を移転していた長江上流の重慶で、日本軍への抵抗を続けた。その頃、日本軍の戦線拡張は限界に達していた。

一方、イギリス、フランス、アメリカ、ソ連は、それぞれ中国国民政府の対日抗戦を援助するため、物資や人員を蔣介石率いる中国国民政府側へ輸送する援蔣《えんしょう》ルートを整えた。日本軍は中国沿岸の港湾を占領することにより、海外からの物資の供給を断とうとした。これに対抗してイギリスおよびフランスは、北部ビルマ（現ミャンマー）から四川省に至るビルマルートや、フランス領インドシナ（仏印）から雲南省昆明に至る仏印ルートを設けた。ソ連も、トルキスタン方面に新疆《しんきょう》（西北）ルートを開いた。

ヨーロッパでは、一九三九（昭和一四）年九月一日、ドイツ軍がポーランドに侵攻したのを受け、イギリスとフランスは九月三日、ドイツに宣戦布告し、第二次世界大戦が始まった。翌一九四〇年五月一〇日、ドイツ軍はオランダ・ベルギーに侵攻し、両国は降伏した。さらにドイツ軍はフランスへ侵攻し、六月一四日にはパリに無血入城した。

このようにフランスが劣勢になるのをみて、一九四〇年九月、日本軍は仏印ルートの遮断を狙って、フランス領インドシナ北部（現在のベトナム北部）に進駐した。北部仏印進駐である。日本軍の南進を警戒するイギリスやアメリカとの対立が深まるなかで、一九四一年七月、日本軍はさらに南部仏印へと進駐した。

これに対し、アメリカは日本への石油輸出を全面禁止にした。すると日本軍は石油など新たな天然資源を求めてさらに南方へと進出することになり、同年一二月に始まるマレー半島奇襲作戦に発展していったのである。

コラム

日帝が残したタクアン

日本人ならば、韓国で食事をすると、注文した料理にキムチがいっしょに供されると思うであろう。ところが、キムチではなくタクアンが出てくることも多い（写真）。韓国の庶民的中国料理、チャジャンミョン（韓国風ジャージャー麺）や日本から伝来したチャンポンにも、必ずタクアンがついてくる。

なぜタクアンが出てくるのか。韓国では、「日帝（日本帝国主義）の持ち込んだもので、よかったものはタクアンだけ」と言われてきたそうだ。それだけ、タクアンが韓国の食文化に受け入れられてきたのである。と同時に、この言葉は、日本植民地時代、「日帝」により朝鮮の人びとがいかに屈辱的な生活を強いられてきたかを物語っている。

　一九一〇年、日本によって韓国併合がおこなわれ、一九四五年八月一五日（韓国では八月一五日は光復節の祝日となっている）の日本の敗戦まで、三六年にわたって、朝鮮総督府（日本の朝鮮統治機関）の下で同化主義政策などの植民地支配が続いた。

　一九四一年一二月の日本軍の東南アジア侵攻以降、占領地域では日本語教育、神社参拝、宮城遥拝《きゅうじょうようはい》、国旗掲揚などが実施されたが、台湾や朝鮮ではそれより早くから皇民化政策が進められていた。なかでも、一九四〇年二月から朝鮮で実施された、姓名を日本風に改める「創氏改名」は、朝鮮の人びとに大きな衝撃を与えた。

キムパプ（韓国式海苔巻き）に添えられたタクアン（右上の小皿）（ソウルのレストランにて、筆者撮影）

　朝鮮民族は、祖先から受け継いできた姓氏をきわめて重視してきた。創氏改名では、日本と同じように夫の姓で統一し、これを「氏」とし、夫婦別姓を禁止する意味をもっていた。朝鮮の人びととしては、この創氏改名は受け入れがたいものであった。
祖先に申しわけが立たないといって抗議のために自

殺した人もいたが、創氏改名に応じなければ進学・就職・配給の停止などの圧迫が加えられた。そのため、最終的には、ほとんどの人たちが日本式氏名に変えざるを得なかったという。

韓国の高校近現代史の検定教科書には、次のように記述されている。

日帝は私たちの伝統や風習を無視し、姓と名前まで日本式に変えることを強要した。姓名を変えない人の子どもは学校に行くことができず、行政機関に行っても用を足すことができなかった。そのうえ食糧配給も受けられなかった（『韓国近現代の歴史』）。

日本人のなかには、韓国では反日感情が強いと思っている人が少なくない。だが、日本が韓国を植民地支配していた時期に、強制的な皇民化政策によってどれほど屈辱的な苦しみを与えたか、その歴史について、少なくとも日本人はきちんと学んでおく必要があるだろう。

第２章

マレー半島侵攻とシンガポールの陥落

クアラルンプール攻略の模様。中心部のチャイナタウン付近を進む日本兵

1　日本軍のマレー半島侵攻

†シンガポール攻略作戦の立案

一九四一（昭和一六）年一月、台北の台湾軍司令部に台湾軍研究部が付設された。その任務は、「約半年で、熱帯地における兵団の編制、装備、戦闘法、兵器の取り扱い、衛生、給養《きゅうよう》、占領地行政、兵要《へいよう》地誌などに関するあらゆる資料を集めて中央部に報告すべき」というものであった。研究の地域の範囲は、「マレー、フィリピン、蘭印（オランダ領インドネシア）、ビルマ」であり、約一〇名の部員からなる研究部の実質的な責任者は、前章にも登場した辻政信であった（辻 二〇〇九）。

辻はシンガポールとマレー半島の攻略にあたって事前視察を行っていた谷川大佐と国武少佐の話（彼らについては後述する）から、重要な示唆を与えられたという。

すなわち、イギリスの軍事拠点であるシンガポール島の要塞は、海側に対しては堅固であるが、マレー半島側の防備はほとんどない。このため、まずマレー半島に上陸して半島を南下し、シンガポールに背後から侵攻する攻略作戦が立案されたのである。

辻らの調査研究の成果を要約して、『これだけ読めば戦《いくさ》は勝てる』という平易な口語体でまとめられた七〇ページの小冊子が作られた。参謀本部の意向で約四〇万部印刷され、マレー半島上陸作戦に参加する将兵にもれなく配布されたという。

『これだけ読めば戦は勝てる』のなかの「二、何故《なぜ》戦わねばならぬか、又如何《いか》に戦うべきか」の章には、二ページにわたって「5．華僑とは何か」という節が設けられている。ここには、当時の日本軍の華人観がよく反映されており、このような情報をもとに、日本軍は現地の華人に対応していたことがうかがえる。主要な部分を紹介しよう。

5．華僑とは何か

今から六百五十年程前日本に攻めて来て博多の沖で……〔中略、元寇襲来について言及〕。此の頃から支那人（ママ）が南洋に盛んに渡って丁稚、小僧、苦力からたたき上げて段々金持ちになり、懶《なま》けものの土人をごまかし英、仏、蘭人等と結託して経済上の力を増し今では南洋全部で五百万近くまで殖えている。重慶に軍資金を貢いでいるが大部分は重慶側の宣伝に迷わされ、或《あるい》はテロに脅かされて止むを得ず貢いでいる者が多い。これ等に対しては反省の機会を与えて我が方に靡《なび》かせるように指導しなければならぬ。唯《ただ》注意しなければならないのは彼等は西洋人の政治家と結んで上手な方法で土人を搾《しぼ》っているから、土人の恨みは大部分華僑が引受けて西洋人は涼しい顔をしている事と彼等の大部は民族意識も国家観念もなく唯儲ける以外に道楽はない状態になっている事である。従って東洋民族としての観念的な自覚を促したり利益の伴わない事に彼等の協力を期待するのは難しい事と予期しなければならぬ（国立公文書館アジア歴史資料センター、防衛省防衛研究所）。

最後の文章「彼等〔華人のこと〕の協力を期待するのは難しい事と予期しなければならぬ」が結論である。日本軍は、侵攻以前から華人は日本軍に対して非協力的であるという認識を持っており、このことを兵士全員に通達しようとしたのである。

†ニックネームは「ジェネラル・ヤマシタ」

一九七八年一一月、私は大学院生のとき、文部省のアジア諸国等派遣留学生としてシンガポールの南洋大学に留学した。南洋大学は一九五六年に開設された大学だが、それまでシンガポールには授業を英語で行うシンガポール大学しかなく、総人口の四分の三を占める華人たちのなかで標準中国語（シンガポールでは「華語」と呼ばれる）で授業を行う大学を設立しようという動きが高まったことが創設の背景にあった。

英語重視政策をとるシンガポール政府は、華語で授業をおこなう南洋大学に対しても英語で授業をおこなうように圧力をかけ、一九七五年から中国語・中国文学系以外の学科は、授業はすべて英語でおこなうようになっていた。このため、華人以外に、少数ながらインド人、マレー人の学生もいた。

私は、二年間、南洋大学のキャンパスにあった学生宿舎で生活した。学生たちは珍しい日本人留学生に非常に親切に接してくれ、夕食時になると、学食にいっしょに行こうと誘いに来てくれた。中国料理は複数で、数種類の料理とスープを頼み、みんなでいっしょに食べるのが一般的である。「ひとり飯」では、一種類の料理しか注文できない。実際、ひとり飯の学生を学食で見ることはほとんどなかった。

ある日、そろそろ夕食というときに、ドアの向こうから「General Yamashita!」と英語で叫ぶ声が聞こえた。部屋から出てみると、陽気なインド人学生がニコニコと笑っている。

夕食の誘いに来てくれたのである。周囲にいた華人学生も「General Yamashita!」という冗談を聞いて笑っていた。

「General Yamashita」とは山下奉文《やましたともゆき》将軍のことである。今日の日本では知らない人も多いかもしれないが、シンガポール、マレーシア、フィリピンなどでは、誰もが知っている日本軍の最高司令官である。旅先のホテルでチェックインするとき、「私の名前は山下です。スペルはY・A・M・A……」と言い出した途端、「I know, I know」とよく言われたものだ。

シンガポールやマレーシアの社会や歴史の学校教科書には、必ず山下奉文の氏名とともに写真も掲載されている。だから私の名前がヤマシタだと知ると、みな驚いたような顔を見せる。たとえばアメリカ人に名前を尋ねたときに「マッカーサーです」という答えが返ってきたら、日本人は「えっ!」と反応するのではないだろうか。

シンガポール、マレーシア、フィリピンなどで、私の名前がヤマシタと知ったとき、「ところで、あなたのお父さん、いやおじいさんの名前は何ですか」と尋ねられたこともよくあった。「ひょっとしたらトモユキの子孫なのでは?」と想像したのだろう。

それほどまで有名な山下奉文とは、どのような人物だったのだろうか。

†マレーの虎

一九四一年一二月八日、マレー半島の三か所に奇襲上陸した日本軍は、イギリス軍や抗日華人ゲリラなどと戦いながら、マレー半島を南下しシンガポールをめざした。一九四二年一月末には、マレー半島の最南端、ジョホール水道を挟んでシンガポール島と対峙するジョホールバル付近まで到達した（後出の図2−1−1参照）。開戦後約七〇日間で、マレー半島のイギリス軍を撃退したのである。このマレー半島攻略作戦を担当したのが、第二五軍の軍司令官、山下奉文中将であった。

山下奉文は、一九四二年二月一五日、シンガポールのブキ・ティマ高地で、イギリス軍マラヤ（マレー半島）司令部総司令官アーサー・アーネスト・パーシバル中将に対して、「イエスかノーか」と無条件降伏を迫った（写真2−1−1）。

写真2-1-1　山下奉文中将（左）とアーサー・パーシバル中将

難攻不落と思われたイギリス軍の重要軍事拠点、シン

写真2-1-2 「マレーの虎」山下奉文 「マラヤ・シンガポール侵攻の残酷な人物、血に染まった両手」とある（出典：『慘痛的戦争』New Cultural Organization, Singapore）

ガポールのイギリス軍を無条件降伏させた山下奉文は、一躍日本の国民的英雄となった。シンガポール陥落を祝って、日本国内では祝賀会や提灯行列も行われた。

ここまでは、日本側からみた山下奉文である。一方、後述するように、日本軍の侵攻、占領により、計り知れない犠牲、損害を被ったマレー半島やシンガポールの人びとからは、「マレーの虎（華語では「馬来亜之虎」）山下奉文」と呼ばれ、残虐な日本軍の総責任者として、もっとも憎むべき日本人であったのである（写真2-1-2）。

一八八五（明治一八）年生まれ、高知県出身の山下は、陸軍士官学校、陸軍大学校を卒業し、一九三五（昭和一〇）年、陸軍省軍事調査部長となった。その翌年、陸軍皇道派青年将校らによるクーデタ未遂事件である二・二六事件が勃発した。皇道派とみられていた山下奉文は反乱軍に対して好意的な立場をとったといわれている。

マレー半島攻略の後、一九四二（昭和一七）年、山下奉文は満洲の第一方面軍司令官となり、翌年、陸軍大将に昇進した。一九四四年には、フィリピンの第一四方面軍司令官に転じ、アメリカ上陸阻止作戦を指揮し敗戦を迎えた。戦後、マニラの軍事裁判で捕虜虐待などの責任により、一九四六年二月、絞首刑となった。

†太平洋戦争はマレー半島上陸から始まった

ハワイでは、毎年一二月七日（日本時間一二月八日）に日本軍の真珠湾（パールハーバー）攻撃の犠牲者を追悼する式典が開催される。出席者たちは、真珠湾攻撃が始まった午前七時五五分（日本時間八日午前二時五五分）にあわせて黙禱《もくとう》をささげる。

日本軍がイギリス領のマレー半島（当時、マラヤと呼ばれた）上陸作戦を開始したのは一九四一（昭和一六）年一二月八日午前一時三〇分（日本時間）であった。すなわち、太平洋戦争は、真珠湾奇襲作戦より約一時間二五分早く、マレー半島上陸作戦から始まったのである。

多くの日本人は日本軍の真珠湾奇襲作戦についてはよく知っていても、イギリス領マレー半島の奇襲上陸作戦については、あまり知らないのではないだろうか。対アメリカとの戦争に比べると、日本軍の東南アジア侵攻についての関心は低いと言わざるを得ない。まずは、日本軍のマレー半島上陸作戦について整理しておこう。

臨時ニュースを申し上げます。臨時ニュースを申し上げます。大本営陸海軍部、一二月八日午前六時発表。帝国陸海軍は、本八日未明、西太平洋においてアメリカ、イギリス軍と戦闘状態に入れり（NHK戦争証言アーカイブス「昭和16年12月8日のラジオ（一）午前7時の臨時ニュース「太平洋戦争開戦」」）。

一九四一年一二月八日午前七時、開戦を告げるこのラジオの臨時ニュースでは、戦闘状態に入った地域は「西太平洋」とされた。私が違和感を覚えるのは、ハワイは西太平洋に属するといえるだろうかということである。太平洋の島々は、メラネシア・ポリネシア・ミクロネシアに三大区分される。このうちのポリネシアの北端に位置するハワイは、「西太平洋」に位置するとは言いがたい。すると、午前七時の時点の臨時ニュースでは、あえてハワイの真珠湾奇襲については言及しなかったのだろうか、という疑問だ。

その後、同日午後一時のラジオ・ニュースでは、ハワイ、上海、シンガポール、ダバオ（フィリピン南部、ミンダナオ島）、ウェーク島（ハワイとグアムの中間に位置する）、グアムなど具体的な地名を挙げて、日本軍の攻撃を伝えた。

イギリス領のマレー半島東部のコタバルの海岸（パンタイ・ダサール・サパ）への奇襲上陸を開始したのは、前述したように日本時間一二月八日午前一時三〇分であった。コタバルはタイとの国境から二二キロメートルに位置する。日本軍が上陸したのは、コタバルの中心部から北東九キロメートル足らずの海岸であった。コタバル付近の海岸はココヤシの木が茂る遠浅の砂浜海岸（写真2-1-3）、および南シナ海に流出する河川の河口付近に形成されたマングローブの湿地が広がっている。

写真2-1-3　コタバル近郊、南シナ海に面するココヤシ林の砂浜海岸（筆者撮影）

日本軍はコタバルとともに、コタバルの北に位置するタイ領南部のシンゴラ、パタニなどの海岸にも奇襲上陸した。当初、日本軍の上陸にタイ軍は反撃したが、その後、日本と友好関係にあったタイは日本軍のタイ進駐を了承した。マレー半島のタイ領に日本軍が上陸したのは、マレー半島の西側すなわちマラッカ海峡の要衝であるペナン、錫《すず》鉱山都市イポーなどへ侵攻するためであった。

写真2-1-4　錫の露天掘り（イポー郊外、1990年筆者撮影）

写真2-1-5　ゴム園　ゴムの木の樹液（ラテックス）を集め、自然乾燥させる（パハン州クアンタン郊外、1986年筆者撮影）

マレー半島は、錫資源が豊富で、ゴムのプランテーションの開発が進んでいた半島西側が経済的に発展しており、ペナン、イポー、クアラルンプール、マラッカなどの主要都市も西側に位置していた（写真2-1-4、5）。したがって半島の西側を早期に確保しておく必要があったが、マレー半島には二〇〇〇メートル級の山々を含む山地が南北に縦走しており、コタバルから西側に直接進軍することが困難であった。そのため、タイ領に上陸したものと考えられる。

マレー半島への上陸作戦の一二月八日未明、日本軍はイギリス軍の最重要拠点であるシンガポールを空爆した。

†侵攻前の情報収集

あらゆる戦争では、開戦の前から現地のさまざまな情報を収集する作戦が始まっている。当時のマレー半島やシンガポールには、日本商社の駐在員や沖縄出身の漁民、さらには「南洋」（東南アジアという地域呼称が一般化したのは、第二次世界大戦後のことである）で一旗揚げようとやってきた日本人などが生活していた。当然ながら日本軍は、このような在留邦人からも現地の情報を多数収集しながら作戦を立てていた。

日本軍がマレー半島に奇襲上陸する一年以上前の一九四〇（昭和一五）年九月一〇日、シンガポールの日本総領事館に、日本軍参謀本部の作戦班長（谷川大佐）と班員（国武少佐）の二人が突然、平服姿で訪れた。来訪の目的はシンガポールの防備状況とマレー半島の海岸線の調査であった。日本総領事館の総領事の命令で、二人の対応に当たったのは総領事館に勤務していた篠崎護《しのざきまもる》であった。

篠崎（一九七六）によれば、彼らは目立たない軽装で、シンガポールの警察にマークされていない邦人商社の車で、海岸線などを見て回った。海岸には要所要所に頑強なトーチカ陣地が構築されていたが、射口はすべて海上の方向を向いていた。案内していた日本軍の兵士は、「なあに、これ位は野砲の狙い撃ちで片づく」と車の中で呟いていたという。戦闘機基地のそばも通過した。ジョホール水道の陸橋を通過し、マレー半島の東海岸も見て回った。在留日本人が所有していたマレー地誌やジャングル調査資料なども収集した。視察を終え大佐は、次のように述べたという。

我々が見た所では、海正面、即《すなわ》ち東西南の防備は厳重である。然《しか》し北側、即ちジョホール方面の防備は殆《ほと》んど見るものはない。攻撃は北方からマレーを南下して攻める外はない。飛行機は今のところ新聞が書いているほどのことはない。

シンガポールのイギリス軍は、敵が海上から攻撃してくると想定していた。これに対して、日本軍は海上の正面から攻撃するのは得策ではないと判断し、マレー半島に上陸して、そこから南下し、難攻不落と言われたシンガポールを攻略する作戦を採ったのである。大佐は帰国の途中、台北に立ち寄り、この視察結果を辻政信中佐に伝えたというのは本章冒頭に述べたとおりである。

その後、篠崎護は同年九月一五日、スパイ容疑でシンガポール当局に逮捕され、一九四二（昭和一七）年二月一五日の日本軍のシンガポール占領まで、チャンギ刑務所に投獄された。日本軍のシンガポール占領によって解放された篠崎は、昭南特別市（後述）に勤務することになった。

†マレー半島の南下

日本軍のマレー半島奇襲上陸後の経緯について、概略をまとめておこう。

マレー半島の南端に位置するシンガポール島は、イギリスの「東洋の砦」であった。戦後、徐々にシンガポール島の海岸を埋め立てたことで国土面積は増加しているが、もともとシンガポール島は淡路島（約五九二平方キロメートル）と同じくらいの大きさの島であった。

一九四一年一二月八日、先述のようにコタバルと同時にタイ南部のパタニ、シンゴラなどマレー半島の東海岸に上陸した日本軍は、ただちにタイ・マラヤの国境を越えて、マレー半島の西側、すなわちマラッカ海峡側を南下した（図2-1-1）。

マレー半島の東海岸に上陸した日本軍を攻撃するため、一二月一〇日、「世界最強の不沈戦艦」と呼ばれたイギリス東洋艦隊のプリンス・オブ・ウェールズ号と巡洋戦艦レパル

図 2-1-1　日本軍のマレー半島侵攻経路

ス号の二隻の軍艦がシンガポールの海軍基地から出発した。しかし、マレー半島東部のクアンタン沖で、インドシナから飛び立った日本軍の飛行機に撃沈された。この「マレー沖海戦」で勝利した日本軍は、マレー方面での制海権を握ることになった。

　マレー半島侵攻作戦では、イギリス軍約一〇万人に対し日本軍は約四万人の兵力で戦った。半島西海岸にあるペナンは、シンガポールと並ぶイギリスの要衝であった。日本軍は一二月一一日から三日間、延べ一四五機で空襲した。一二月一九日、日本軍はペナン島を無血占領した。

マレー半島を防衛する軍隊は、イギリス人、インド人、オーストラリア人、マレー人で構成されていた。これらの軍隊は、日本軍の侵攻を止めることができず、南へ後退していった。日本兵は、ジャングルでの戦闘によく訓練されていた。彼らはジャングル地帯の近くに入り込んでは、イギリス軍の防衛線の背後から攻撃した。日本軍は自動車だけでなく自転車も活用して進軍した。いわゆる「銀輪部隊」である（写真2－1－6）。

写真2-1-6　日本軍の銀輪部隊　パネルにはシンガポール島への攻撃が始まった1942年2月8日が記されている（セントーサ島降伏記念館の展示を筆者撮影）

一二月二八日には、錫鉱山都市として知られるイポーを、そして翌一九四二（昭和一七）年の一月一一日には、イギリス領マラヤの首都、クアラルンプールを日本軍が占領した。イギリス兵やオーストラリア兵らは、シンガポールまで退却せざるを得なかった。

一二月八日のマレー半島奇襲上陸のコタバルからシンガポールの対岸のジョホールバルまで、直線で約五五〇キロの距離である。実際には山地、熱帯雨林、マングローブの湿地帯を通り、抵抗激しい河川を渡り、各地の激戦地を五五日間で突破し、日本軍がジョホールバルに到達したのは一九四二年一月三一日であった。

†日本の進軍と抗日ゲリラ

ここで当時の東南アジアの華人社会の状況を見ておこう。華人あるいは彼らの先祖の出身地である中国では、一九三一（昭和六）年の満洲事変の発端となった柳条湖事件、翌一九三二年の「満洲国」の樹立、そして一九三七年の盧溝橋事件に端を発する日中戦争が続いていた。これをうけてシンガポール・マレーシアでは、華人による反日感情が高まり、日本商品のボイコットや日本と戦っている中国を支援する活動が盛んになった。

一九三八年には、世界規模の華僑抗日救国団体である「南僑総会」（南洋華僑籌《ちゅうしん》賑祖国難民総会）がシンガポールで設立され、陳嘉庚《ちんかこう》（タン・カーキー）が主席となった。この抗日救国運動のリーダーであった陳嘉庚とは、どのような人物であったのだろうか。

シンガポール・マレーシアの華人社会では、さまざまな華人方言集団のなかで福建人がもっとも多く、多くの地域で華人社会の共通語は福建語であった。陳嘉庚も福建人で、福建省の厦門《アモイ》中心部の北、約一五キロメートルに位置する同安県集美郷（現・厦門市集美区）で生まれ育った。陳嘉庚は、マレー半島のゴム栽培・輸出業で成功をおさめ、「ゴム王」と呼ばれる大富豪となった。福建人社会だけでなく華人社会の中心的な人物となり、中国の故郷の教育発展にも尽力、厦門大学も一九二一（大正一〇）年、陳嘉庚によって設立された。一九四九年、中国に帰国した陳嘉庚は、「華僑旗幟　民族光輝」（華僑の模範であり、民族のほまれである）と高く評価された（写真2−1−7）。

一九四一年一二月、日本軍がマレー半島南下作戦を始めると、イギリスの植民地政府の要求を受けて、星州（シンガポール）華僑抗敵動員総会が設立され、陳嘉庚が主席となった。華僑抗敵動員総会の下には、日本軍と戦う華人のゲリラ組織、華僑抗敵義勇軍が組織された。

写真2-1-7　陳嘉庚（左）と毛沢東（福建省厦門市集美区、嘉庚公園の展示写真を筆者撮影）

中国共産党の影響を受けて、一九三〇（昭和五）年に結成されたマラヤ共産党も、マラヤ人民抗日軍を結成した。そのメンバーのほとんどは華人であり、華人同胞の支援を受けながら抗日ゲリラ活動を展開した。そうした華人の抗日ゲリラに対して、半島を南下する日本軍は敵《てき》愾心《がいしん》を高めていった。

一九四二（昭和一七）年二月一五日、シンガポールは日本軍により占領されるが、抗日救国運動のリーダーであった陳嘉庚は、すでに二月三日、船でシンガポールを脱出し、オランダ領東インド(現在のインドネシア)に逃亡していた。

山下奉文中将率いる第二五軍がマレー半島を攻略し、イギリス軍の重要拠点、シンガポールを陥落させたことまでは日本でも知られている。しかし、日本占領時代に現地でどのようなことが起こったのか、その地域の民間人はどのような状況であったのかについては、ほとんど知られていないのではないだろうか。以下ではこの点に注目して見ていくことにしよう。

2 シンガポール陥落

†日本軍のシンガポール攻略

マレー半島南下の過程で多くの犠牲者を出し、兵士は疲弊し、弾薬も不足していた日本軍にとって、シンガポール攻略は厳しい戦いであった。

前述のようにシンガポールはシンガポール島と小さな島々からなる。マレー半島の最南端とシンガポール島との間にはジョホール水道が位置し、現在のマレーシアとシンガポールの国境になっている。

水道とは、海において陸地が両側に迫って狭くなった通路状の箇所である。シンガポールとマレー半島最南端のジョホール州の間のジョホール水道には、一九二三（大正一二）年、コーズウェイと呼ばれる陸橋が建設され、わずか約一キロメートルの陸路で結ばれていた（写真2-2-1）。コーズウェイには道路、鉄道、そして水道管が設けられていた。シンガポールの水道の大部分はマレー半島側から供給されていたのである。

写真2-2-1　シンガポールとジョホールバルを結ぶコーズウェイ　手前がシンガポール側。車道の右側に鉄道線路（単線）、そして右端にはマレーシア側から供給される水道管が設置されている（1980年筆者撮影）

日本軍のマレー半島攻略にともない、イギリス・インド・オーストラリア編成部隊の大多数は、このコーズウェイを通ってシンガポールに退去し、最後の要塞となったシンガポールで、日本軍の攻撃に対抗する準備をした。イギリス軍は最後の部隊がスコットランドのバグパイプの音楽にあわせてコーズウェイを渡ったのち、

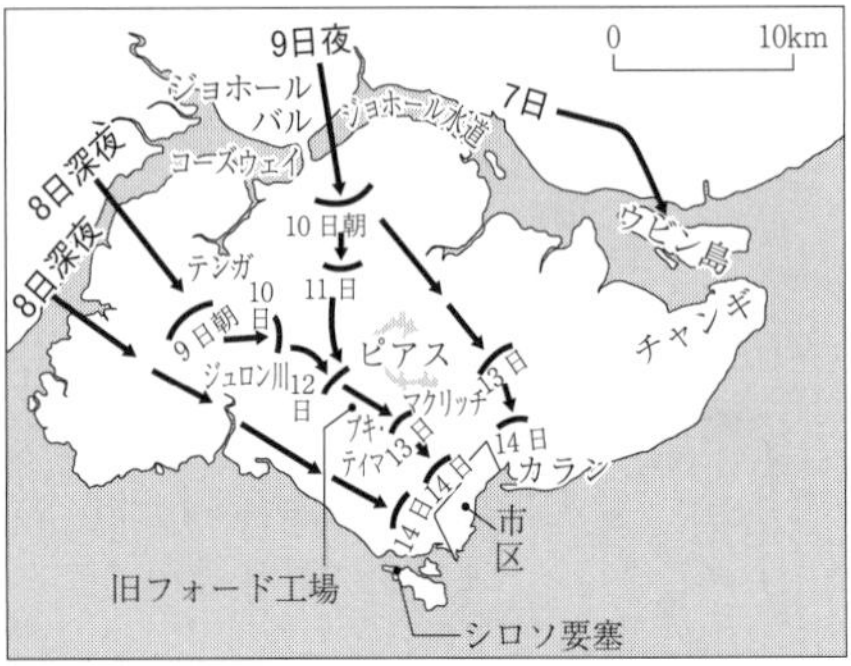

図2-2-1　日本軍のシンガポール攻略のおもな経路
（許・蔡編　1986をもとに作成）

日本軍の侵攻を遅らせるためにその一部を爆破した。

一九四二（昭和一七）年一月三一日、シンガポールの対岸のジョホールバルに到達した日本軍は、一週間かけてジョホール水道を渡る準備を整えた。二月七日夜、一部の日本軍がシンガポール東部のウビン島に上陸した。しかし、これは陽動作戦であった。イギリス軍がシンガポールの東部に移動するのをみて、翌二月八日、日本軍はシンガポールの北西部に上陸し、総攻撃を開始した（図2-2-1）。

†セントーサ島の戦争関連施設

シンガポール島の南、約四〇〇メートルに位置するセントーサ島には今日ではユニバーサル・スタジオ・シンガポールなどを含むアジア最大級の総合リゾート施設、リゾート・ワールド・セントーサがあり、シンガポール観光の拠点の一つとなっている。

セントーサ島はマラリアの流行により多数の死者が出たことから、かつてマレー語ではプラウ・ブラカン・マティ（マレー語でPulau Blakang Mati、pulauは「島」、blakangは「後」、matiは「死」を意味する）、そして中国語では「絶后島」と呼ばれていた。一九七一年、絶后島という暗いイメージの島名は、セントーサ（平穏、平安の意味）島、中国語で「聖淘沙島」に改称された。

一八七八（明治一一）年、イギリスはセントーサ島の北部にシロソ要塞（写真2－2－2）

写真2-2-2　セントーサ島シロソ要塞の高台にある6インチ砲台の跡　兵士たちはモニュメント。掲示板の説明によれば、1942年2月13日および14日には日本軍の軍艦を撃沈したという（筆者撮影）

写真2-2-3　セントーサ島の投降記念館　1階壁面には、山下中将、パーシバル中将などの写真が掲示されている。2階に関連資料が展示されている（筆者撮影）

写真2-2-4　旧フォード工場（左）と入り口の案内板（右）（筆者撮影）

を建設した。シロソ要塞は一九七四年に軍事博物館となり、二〇〇四年にはその近くに日本軍の投降記念館が建てられた（写真2－2－3）。そこには、日本軍のシンガポール攻略から降伏にいたるまでの関連資料が展示されている。

†イギリス軍の降伏

シンガポール島は東西四二キロメートル、南北二三キロメートルの菱形《ひしがた》状である。全体として丘陵性の地形で、標高一六四メートルのブキ・ティマ高地が最高地点となっている。ブキ・ティマ高地の東には、シンガポールの重要な水源であるマクリッチ、ピアスなどの貯水池があり、イギリス軍にとってブキ・ティマ高地はきわめて重要な軍事拠点であった。

二月一一日は日本の紀元節（一九六七年からは「建国記念の日」となった）であり、当初、日本軍はシンガポール陥落で紀元節を祝いたかったようである。二月一〇日、ブキ・ティマ高地の激しい攻防戦が始まった。

二月一五日、ブキ・ティマ高地の西麓、日本軍が占拠していたフォード自動車工場に白旗をもったイギリス軍のアーサー・パーシバル将軍らが訪れた。

この旧フォード工場は、今日、イギリスの降伏と日本の占領を取り巻く出来事や記憶、そして戦争の遺産に触れるための展示施設となっている（写真2-2-4）。

写真 2-2-5　フォード自動車工場での降伏交渉　イギリス軍の無条件降伏を迫る山下奉文中将（左端の着席者）とA・E・パーシバル中将（手前左から二人目）

日本側は第二五軍総司令官、山下奉文中将らが対応した。降伏のための諸条件を提示するパーシバル中将に対して、山下は「降伏するのか、しないのか？　イエスかノーで答えよ」と迫ったとされる。結局、パーシバルは降伏同意書にサインした。こうして「大英帝国の不落の要塞」「英国植民地の牙城」と謳《うた》われたシンガポールは陥落した（写真2-2-5）。

†シンガポール陥落がもたらした高揚

日本でシンガポール陥落のニュースが日本に伝わると、日本中が興奮の渦に包まれ、各地で提灯行列がおこなわれた。当時の日本の様子について生々しく伝える、『朝日新聞』の投書を紹介しておこう（『朝日新聞』（大阪）一九九一年九月一八日「声」）。

「山下大将を称賛しないと激怒（手紙　女たちの太平洋戦争）」

昭和一七（一九四二）年二月シンガポールが陥落した。同年四月一八日東京は、初空襲を受けたが幸い被害は少なかったらしく、日々の新聞には南方の占領地の記事で相変わらずにぎわっていた。

シンガポールは昭南島と日本では呼び方が改められたが、この攻略作戦は新聞の連載記事として毎日取り上げられた。攻略総司令官の山下大将の名前は私たち学童の間でも知らないものはなかった。私たちはクラス担任から、毎日、授業中にこの連載記事を読んで聞かせてもらった。あとで一人一人が感想を述べる事になっていた。

その日は降伏したイギリス司令官と山下大将との会見のくだりであった。記事内容はつぶさには覚えていないが、交渉の始終が書かれてあったように思う。

「「イエスか、ノーか、イエスか、ノーか」我が山下大将は激しく詰め寄った」

この個所が私たちの印象として特に強く残り、従って読後感想はほとんどこのところについてであった。級友たちは山下大将の堂々とした態度を口々に称賛する言葉で語った。順番が私に回ってきたとき、「いくら敵であっても降参しているのですからあまりきつく言わない方がよいと思います」と答えた。

担任は私が席につくや、「この間、東京空襲をした捕虜に、可哀想だといって花を届けたばかな婦人がいるが、味方が散々な目に遭ったと言うことがわからんのか」と怒った。（京都市　短大講師　六〇歳）

このように山下がパーシバルに対して「イエス・オア・ノー」と強く無条件降伏を迫ったシーンは、新聞報道などで日本国内でも一躍有名になった。しかし、山下自身によれば、「イエス・オア・ノー」は、日本軍の英語通訳が報道班員であったため軍隊用語を知らず、うまく通訳できなかったことにいら立った山下が、通訳に「イエスかノーか、君はただそれだけ聞けばよい」と放った言葉であったという。

イギリス軍が降伏した二月一五日は日曜日であり、シンガポール側にとっては、「暗黒の日曜日」となった。また、華人にとって、その日はおめでたいはずの春節（旧正月）であった。

日本軍にとって、シンガポール陥落は東南アジア占領への軍事的足場を確保したことを意味した。マレー半島とシンガポールを占領したものの、天然資源に乏しい日本が戦争継続に必要な石油などの資源を確保するためには、すみやかにインドネシアなど東南アジア各地に日本軍を展開しなければならなかったのである。

コラム

華人が歌う「愛国行進曲」

日本軍の侵攻、占領によって、マレーシアでは多くの華人が虐殺された。マレーシアで私が経験した話を紹介しておこう。

一九九〇年八月、私は錫の露天掘りなどを視察しにペラ州のイポーに行った。南洋大学の先輩のシンガポール人から紹介された陳さんの会社を訪ねてみると、陳さんも南洋大学の卒業生であったことがわかり、中国料理店で夕食をご馳走してくれることになった。当初、二人だけの食事かと思っていたら、陳さんの会社の同僚や取引先の関係者ら一〇名ばかりの華人が集まり、大きな回転テーブルを囲んで中国料理の宴会となった。

はじめ私の存在を意識して、華語（標準中国語）での会話で始まったが、しだいに酔いがまわってくると、話題は戦争中の日本軍のことになった。会話も華語よりも客《ハッ》家《カ》語や広東語などの中国語方言が多くなり、私にはよく理解できなくなってきたため、隣席の陳さんが通訳してくれた。「三年八か月……とにかく日本軍からひどい目にあわされたよ。つらかった（辛苦）……」という話題らしい。

陳さんの兄も、日本軍が侵攻して、町から逃げ出し、ジャングルのなかに隠れた。そして、五歳のときから銃を撃つことを覚えた。陳さんの母親も、もしものことを考えて男装したという。

イポーの南、約五〇キロメートルに位置するタパーという町から来た華人が、突然、日本軍占領中に覚えさせられた日本の歌を歌い出した。五〇年近く経過しても、よく覚えていた。日本占領時、彼は一一歳だったという。「君が代」、「愛国の花」、そして「見よ東海の……」。そのとき、私はその曲名が「愛国行進曲」だったとは、すぐには思い出せなかった。そして李香蘭が歌って大流行した「夜来香」「何日君再来」「支那の夜」などを、少しずつ思い出しながら、大勢が日本語、そして華語で歌い出した。

気がつくと、若い華人も、知っている歌詞の部分は、年輩の華人といっしょになって歌っていた。私も、シンガポールの南洋大学留学中に、チャイナタウンの屋台で二〇〇円くらいで買った海賊版の音楽テープで覚えた「何日君再来」をいっしょに華語で歌った。なかには、「しょうじょうじの狸ばやし」を急に思い出して、歌い出した者もいた。日本占領時代の抗日的な歌になると、当時生まれていなかったはずの若い華人も知っているようで、いっしょになって力強く歌った。

一〇人あまりの華人が酒の入ったグラスを手に持って、たった一人の日本人である私を取り囲んで歌い続けた。そこには反日意識というよりは、なつかしさのような雰囲気があった。

その夜から三日過ぎて、イポーを去るときに、私は陳さんに別れを告げに行った。その際、陳さんが次のことを教えてくれた。

「タパーから来たあの華人は、実は母親を日本軍に殺されたんだよ。彼が一一歳のときにね」

第 3 章

日本占領下のシンガポールとマレー半島

――暗黒の三年八か月

シンガポール市街を行進する日本軍

1 「大検証」と「粛清」

†シンガポールから「昭南島」へ

一九四一（昭和一六）年一二月八日、マレー半島奇襲上陸、ハワイ真珠湾攻撃に成功した日本政府は、直後の一二月一二日、「今次の対米英戦は、支那事変をも含め大東亜戦争と呼称」すると宣言した。大東亜戦争とは、アジアから欧米勢力を追放し、日本とアジアによる共存共栄圏、すなわち大東亜共栄圏をつくるための戦争であることが強調された。しかし、開戦直前の一九四一年一一月二〇日の大本営政府連絡会議で決定された南方占領地行政実施要領では、占領地では、差し当たり軍政を実施し治安の回復、石油などの重要国防資源の急速な確保に努めることがすでに決定されていた。

マレー半島およびシンガポールを占領した日本軍に、勝利の喜びを味わっている暇はなかった。戦争継続のためには、ただちに軍を東南アジア各地に展開し、石油、ゴム、鉄鉱、ボーキサイト（アルミニウムの原料鉱石）などの資源をすみやかに確保する必要があった。そのためには、限られた日本軍兵士によって、シンガポールを安定的に統治できる治安体制が必要であった。

シンガポールやマレー半島の華人に対しては、蔣介石政権から離反させ、日本側政策に協力同調させる方針であった。山下奉文中将を司令官とする第二五軍が一九四一年一二月末頃に定めた華人に対する工作実施要領においては、服従を誓い協力を惜しまない者は生業を奪わず権益を認めるが、そうでない者に対しては生存を認めないことを定めていたのである。

一九四二年二月一五日の連合軍の降伏により、日本軍による軍政が敷かれたシンガポールは「昭南島《しょうなんとう》」（英語表記 Shonan-to）と改名された。そして、軍政下の行政組織として「昭南特別市」が設置された。「昭」は「照らす」の意味で、日本は世界平和に貢献する輝く太陽であり、南方共栄圏を照らす、という意味合いであった（『朝日新聞』一九四二年二月一八日夕刊）。南方共栄圏とは、具体的には日本軍が占領あるいは進駐した地域を指した。

†昭南島の華人の「大検証」

今日、シンガポールの総人口の約四分の三は華人である。一九三九年の民族構成をみてみると、シンガポールの総人口七三万八五五九人のうち、華人は七七・一パーセント(五六万九二八〇人)であった。そのほか、マレー人が一〇・九パーセント、インド人が八・一パーセント、その他(ユーラシアン[欧亜混血]など)が四・二パーセントを占めていた。

マレー半島侵攻作戦で華人のゲリラ組織から激しい抵抗を受けた日本軍は、人口の大多数を華人が占め、軍事的にも最重要拠点であるシンガポールを安定的に統治していくために、反日華人を選別して「粛清」(虐殺)する作戦を採った。シンガポールの華語(標準中国語)では、華人が大量に虐殺されたことから、「大検証」という呼称が広く用いられている。

日本軍による大検証は、シンガポールのイギリス・オーストラリア・インド連合軍が無条件降伏した一九四二年二月一五日以前から計画されていた。その具体的な内容については、林博史『シンガポール華僑粛清』(林 二〇〇七)などが詳しい。シンガポールをいくつかの地域に区分し、すべての華人を指定した地域に集め、抗日分子を選別し、秘密裏に速やかに殺害するというものであった。

大検証は、シンガポール警備司令部司令官、河村参郎《かわむらさぶろう》少将の指導の下に実施され、大検証の作戦の監督者を務めたのは辻政信中佐であった。前述したように、ノモンハン事件で作戦指導を行ったのも辻であった。

シンガポールの昭南島への改称がおこなわれたのは二月一七日であったが、翌一八日、山下奉文中将から二月二一日から二三日までに、抗日分子の掃討作戦を実施するよう命令が下された。

シンガポール川の河口には、ラッフルズ上陸の記念碑がある。一八一九年、イギリスの植民地行政官、スタンフォード・ラッフルズが、シンガポール島南岸のシンガポール川の河口に上陸した。それ以来、ラッフルズの指導の下、シンガポールでは計画的に市街地が造成され、発展していった。

日本軍による大検証では、シンガポールの市街地を五つの地区に分け、各地区の憲兵隊が大検証を担当した。これら五つの地区の外側にも二地区を設け、歩兵大隊が大検証を担当した。これら七つの地区は、市街地とその周辺であり、郊外での大検証は遅れて二月二八日から実施された。

†大検証の実態

シンガポール占領からわずか四日後の二月一九日、シンガポールの華人に対して（マレー人、インド人は含まれなかった）、日本軍による次のような命令が布告された。

昭南島在住華僑一八歳以上五〇歳までの男子は、来る二一日正午までに左の地区に集合すべし
右に違反する者は、厳重に処罰さるべし
尚《なお》各自は飲料水及食糧を携行すべし

このような華人に対する布告の具体的な内容は、地区によって微妙に異なり、「一五歳から六〇歳までの男女ともに集まれ」「すべての男は集まれ」「一二歳以上の男は食糧五日分持ってこい」「一五歳から四五歳までの男は行けと言われただけで食糧のことは聞かなかった」など、さまざまであったようである。集合場所は鉄条網で囲まれ、銃剣をつけた小銃をもった兵隊が厳しく警備していた。集まった人びとのなかには、二月一九日に集合

したものの、二一日に尋問が始まるまで、そのまま放置された者もいたという。

前述したように、一九三九年時点で華人人口は約五七万人であった。わずか三日間で、具体的にどのようにして「抗日分子」を選別するのか。これが大きな問題であった。各憲兵隊には、現地の協力者を利用する、収集した抗日団体名簿などを利用するなどの方法が指導されていたが、現実的には、各憲兵隊の独自の判断で「抗日分子」の選別が行われたようである。

刺青をしている者は華人の秘密結社の一員である、教員は反日教育をおこなっていた抗日運動の先導者である、などのあいまいな基準で、抗日分子が選別された。また、次のような質問項目もよく用いられたという。

・蔣介石（日本が戦っている中国の最高指導者）と汪精衛《おうせいえい》（日本では汪兆銘と呼ばれ、日本の傀儡《かいらい》政権である南京政府の主席）、どちらが好きか。
・陳嘉庚《ちんかこう》（抗日運動の指導者）を知っているか。
・中国に抗日支援のための献金をしたことがあるか。

写真3-1-1　大検証の検問所跡に設置された粛清記念碑（左）と説明板　シンガポールのチャイナタウン（「牛車水」と呼ばれる）近く、アッパークロス・ストリートとサウスブリッジ・ストリートの交差点付近の歩道上にある。説明板には、シンガポールの四つの公用語（英語、マレー語、華語、タミル語）および日本語で説明がある（筆者撮影）

これらの質問に、蔣介石のほうが好き、陳嘉庚は知っている、中国に抗日支援の献金をしたことがある、などと答えれば即座に「抗日分子」に選別され、トラックの荷台に乗せられて、虐殺が行われる海岸やジャングルへ運ばれた。また、大検証を受けるために集まった華人に対して、五〇〇万ドル以上の資産をもっている者、政府の仕事などに携わっていた者、銀行員は手を挙げろと言われ、正直に手を挙げた者は、その後消息不明となったという（許・蔡編 一九八六）。

わずかな憲兵と経験のない若い兵士、下手な通訳とで、完全な取り調べなど到底できるはずもなかった。大検証で幸運にも抗日分子に選別されなかった者は、腕や服に「検」のスタンプを押されて解放されたが、スタンプのインクが消えないように注意しながら帰宅したという（篠崎 一九七六）。

ある一九歳の華人青年は、検問所に集合してやっと四日目になって検問された。英語と中国語のどちらを話すか尋問され、英語学校に行っており、英語を話し、中国語は話せないと答えると、腕に印を押され解放されたという。中国語教育を受けている者は反日教育を受けており、抗日分子とみなされたようだ（林 二〇〇七）。

シンガポール政府は、戦後五〇周年にあたる一九九五年の記念事業として、戦争関連の一一か所に記念碑を建てた。シンガポールの中心部には、大検証の検問所跡に設置された粛清記念碑が建てられており、そこには、英語、マレー語、華語、タミル語の公用語のほかに日本語の説明文もある（写真3－1－1）。

日本語の説明文は、次のとおりである。

一九四二年二月一八日、「大検証」または「華僑粛清」として知られる憲兵隊による検問が始まった。一八歳から五〇歳までのすべての華人男性は、取り調べと身元確認のため、これらの臨時検問場に出頭するよう命じられた。

幸運な者は顔や腕、あるいは衣類に「検」の文字を押印されたのち解放されたが、不運な人々はシンガポールの辺鄙な場所に連行され処刑された。その犠牲者は数万人と推定される。

写真3-1-2　アウシュビッツ第二強制収容所ビルケナウ　ユダヤ人を載せた列車は、写真正面の建物を通り、収容所内部（手前）に入った（筆者撮影）

写真3-1-3　ユダヤ人の「選別」作業　ヨーロッパ各地から到着したばかりのユダヤ人（写真左側の列）を、使役できそうな者と即ガス室送りの者とに「選別」するドイツ兵

†繰り返される「選別」と虐殺

大検証における抗日分子の選別作業の資料を検討していると、ポーランド南部の古都クラクフ郊外にあるナチス・ドイツのアウシュビッツ強制収容所（写真3－1－2）を訪れた際に見た一枚の写真の記憶がよみがえってくる。

ヨーロッパ各地から強制的に連行されてきたユダヤ人が、列車でアウシュビッツ強制収容所に到着するなり、ドイツ兵の軍医らしき兵士に、「選別」されている写真である(写真3-1-3)。その場で、働けそうな者とそうでない者が即座に二分され、働けそうにない者はすぐにガス室に送られて殺された。第二次世界大戦は一九三九(昭和一四)年九月に始まったが、アウシュビッツ強制収容所が開設されたのは一九四〇年五月のことであった。

ヨーロッパ戦線から遠く離れているものの、一九四二年のシンガポールにおいても、日本軍によって華人の選別、そして大量虐殺(シンガポールでは「粛清」と呼ばれる)がおこなわれていたのである。戦争においては過去の出来事と同じようなことが、いつになってもどこかで繰り返されるのだ。

二〇二二年二月から始まったロシアのウクライナ侵攻でも、ロシア側がウクライナ住民らを反ロシア派かどうか選別するために設けた施設が、ウクライナ東部ドネツク州やその周辺に少なくとも二一か所存在することが特定されたという(『読売新聞』二〇二二年八月二六日夕刊)。住民は持ち物検査や尋問などにより、ロシアにとって「危険分子」であるかどうかが判断されたといわれる。

†「粛清」の実態

大検証による華人の虐殺は、シンガポールでは「粛清」と呼ばれる（英語でも漢字の発音を用いてSook Chingという）。華人粛清の実態については、幸いにも生き残った少数の人びとの証言から、その一端が明らかになっている。ここではその概略をみてみよう（林 二〇〇七、許・蔡編 一九八六）。

前述した大検証によって粛清の対象に選別された華人は、シンガポールの東部のチャンギ海岸やその手前のタナ・メラ海岸などに連行され殺害された。現在のシンガポールの国際空港であるチャンギ空港は、これらの海岸付近を埋め立て造成された空港で、この近くで日本軍による華人の大量虐殺が行われたのである。

波打ち際に連れてこられた華人は、トラックから降ろされた後、後ろ手に数珠つなぎにされ、くるぶしが水につかるところまで海に入った途端、機関銃で射殺された。まだ息のある者は銃剣で刺された。また、なかには銃撃されたものの死体に重なって、かろうじて助かった者もいた。

また、海岸でなく内陸部では、付近の住民に溝を掘らせ、そこで日本兵が華人を機関銃で銃殺し、遺体をその溝に埋めた。数日後、その付近からは、むかつくような臭いが漂ってきたという。

都会的な場所ばかりが目立つシンガポールのなかでも、東部にあるチャンギ海岸は美しいビーチが続き、海水浴、釣り、サイクリングなどを楽しむビーチ・リゾートとなっている。まさにこの場所で、華人の大規模な粛清が行われたのだ。ここには現在、粛清の記念碑が建てられている（写真3－1－4）。

チャンギ海岸の案内板には、英語と中国語とともに、日本語でも説明が書かれている。

写真 3-1-4　チャンギ海岸の案内板
沖合に見えるのがウビン島。下は、案内板の一部。画家、劉抗（リュウ・カン）によるスケッチ。生存者を銃剣で刺す日本軍兵士も見える（筆者撮影）

ここだけでなく、シンガポールの戦争に関する資料館などでは、日本語も併記されているところが多い。多くの日本人にも、日本占領時代の実情を知ってほしいというシンガポール人の願いが込められているといえよう。

チャンギ海岸の案内板には、日本語で次のように書かれていた。

チャンギ海岸での虐殺

チャンギ海岸は、日本占領時代の一九四二年二月一八日から二週間にわたり、「大粛清」が行われた場所の一つだった。華僑男性のほとんどが選別され、抗日分子とされた者は、補助憲兵によって辺鄙な場所に連行されて処刑された。一九四二年二月二二日、多くの民間人がこの海岸に連行されて、機関銃で殺害された。犠牲者はその後、チャンギ地区の捕虜収容所に収容されていた捕虜が掘った集団墓地に埋められた。

大検証による華人大虐殺による正確な犠牲者数ははっきりしないままである。一九四二年三月四日の『朝日新聞』「昭南島の抗日華僑検挙」では、次のように報じている（なお「昭南港」とは「昭南島」すなわちシンガポールの別称である）。

【昭南港特電三日発】昭南島における敵性華僑及び抗日政治結社に対する摘発はいよいよ強化され、二八日未明以降三日までの間に行われた全島一斉検挙によって七万六九九人の華僑容疑者を検挙したが、取り調べの結果に基き、厳重処分するとともに軍ではさらに警戒を続行し、初期において将来の禍根を断絶せしめ、明朗なる楽土昭南島を建設せしめんとする態度を持している。

ここには検挙された華人総数として、七万六九九人という具体的な人数が示されている。このうち、何人が虐殺されたのかは明らかになっていない。日本側の軍関係者の記録では、虐殺者は約五〇〇〇人、あるいは六〇〇〇、七〇〇〇人などの人数が挙げられているが、正確な人数ははっきりしないままである。シンガポール側の団体の調査では、氏名が判明した犠牲者だけで四六八一人という報告がある（林 二〇〇七）。

なお、シンガポールの華人虐殺に関与した辻政信は、戦犯として捕らわれることを恐れ、地下に潜伏したのち、一九四八年になって帰国した。この逃走潜伏について執筆した『潜行三千里』（一九五〇年刊）はベストセラーとなり、五二年には衆議院議員、五九年からは参議院議員を務めた。だが、六一年、在職中にラオスで失踪し行方不明となり、六八年、死亡宣告がなされた。

†リー・クアンユーが体験した大検証

シンガポールの元首相、リー・クアンユー（李光耀、一九二三―二〇一五）も、大検証を経験した人物である。『リー・クアンユー回顧録』の中で、自らの体験を語っている（リー 二〇〇〇）。

まず、シンガポールの「建国の父」と呼ばれるリー・クアンユーについて簡単に説明しておこう。

リー・クアンユーは、シンガポールで生まれた華人四世である。先祖は広東省の東北部、福建省と境を接する大埔《ダーブー》地方（現在の梅州市大埔県）出身の客家《ハッカ》である。客家とは漢族のなかの客家語を話す方言集団の一つであり、中国北部から南へ移住してきた人びとで、少数方言集団ではあるが、多くの革命家、政治家を輩出してきた。

リー・クアンユーは幼少の頃から一貫して英語教育を受け、シンガポールの英語教育の名門、ラッフルズ・カレッジを卒業後、イギリスのケンブリッジ大学に留学し、法学を専攻した。帰国後、弁護士となり、一九五四年、人民行動党を創設した。一九六三年、マレーシア連邦の結成においてシンガポールは一つの州として加わったが、二年後の一九六五年、マレーシア連邦から分離独立し、リー・クアンユーはシンガポールの初代首相に就任した。その後、一九九〇年に首相を退任するまで独裁的な強権政治を執行しながらも、小国シンガポールの経済発展に大きく貢献した。

一九四一(昭和一六)年一二月八日早朝、シンガポールのラッフルズ・カレッジの学生宿舎にいたリー・クアンユー(当時一八歳)は、突然の日本軍機の爆撃音で目を覚ました。この爆撃で、シンガポールでは六〇人が死亡したという。

日本軍のシンガポール占領後、すべての華人は検問所に集合するようにと、日本軍から命令が出た。リーも指定されたジャラン・ブサール・スタジアム(現在のMRT東西線のラベンダー駅近く)に行き、鉄条網で囲まれた地区に押し込められた。検問所は憲兵隊が監視し、顔がわからないように頭巾をかぶった現地の人びとや台湾人がいた。

検問所になぜ台湾人がいたのであろうか。前述したようにシンガポールの華人社会は、福建人、潮州人、広東人など多様な方言集団から構成されているが、当時、華人社会の中で実質的な共通語の役割を果たしていたのは福建語であった。このため、日本統治下で日本語教育を受け、日本語と福建語の両方が通じる台湾人は、日本の憲兵隊にとって非常に有用な人材だったのである。

リーは、検問所の地区の出入り口で、荷物を取りに外へ出たいと要望したが、憲兵は許可しなかった。それから一日半が経ったときのことである。

もう一度同じチェックポイントから出ようとすると、理由ははっきりしないけれども許可が出たのである。私は左の上腕とシャツの前部に消えないインクを使ったゴムのスタンプが押された。「検」（検査済みの意味）のマークがあれば、私が当局のお墨付きをもらった証明だった（リー 二〇〇〇、三八頁）。

その後リーは、日本占領下のシンガポールで、トラブルを避けるだけでなく生活を維持するために、一九四二年五月から日本語学校に通って日本語を学んだ。そして、一九四四年末まで一五か月間、日本軍報道部に勤めた。その仕事内容は、連合国側の報道機関の英語のニュースをチェックするというものであった。

†生存者の証言

一方、大検証の粛清の現場からかろうじて助かった人たちもいた。彼らの証言は粛清現場のあまりにも残酷な状況を伝えている。ここでは鄭光宇という人物の証言の概略を紹介しよう（許・蔡編 一九八六）。

鄭は、リー・クアンユーと同じ市街地東部のジャラン・ブサール地区にいた。指定された検証の地区に朝、集合した。そこには水や食糧はなく、便所もなく、着剣した歩兵銃を構えた日本兵に監視されたままであった。

夕方になって、二〇台ほどの軍用トラックに載せられ、チャンギ刑務所の前を通り過ぎ、浜辺で降ろされた。八〜一〇人ずつ縄で縛られ、数珠つなぎになり、海のほうへ連れていかれた。四〇〇〜五〇〇人が五〇〜六〇の束にされ、一〇人ぐらいずつ、あちこちに散らばるようにさせられた。突然、機関銃の掃射が始まり、数珠つなぎになっていた者は全員倒れた。鄭は鼻先を機関銃で撃たれ、顔は血だらけになった。

しばらくして銃声がやむと、日本兵は倒れている者をめちゃくちゃに銃剣で突き刺して回った。日本兵は鄭の血まみれの顔を見てすでに死んでいると思ったのか、鄭の胸を踏みつけ、隣に横たわっていた者を銃剣で刺した。

日本兵が車に乗ってその場を去り、鄭は縛られていた縄を、砂浜に露出していた石に懸命に押し付けて切った。周囲にはまだかなりの人が生きており、四、五人の縄をほどいてあげた。真っ暗になってから、鄭は死体の中をゆっくり泳いで、その場から逃げた。

このような華人虐殺からかろうじて生き残った少数の人びとの証言により、戦後、「粛清」(虐殺)の惨たらしさが少しずつ明らかになっていったのである。

†マレー半島における華人の粛清

一九四一年一二月、マレー半島東海岸に奇襲上陸した日本軍は、半島を南下する過程で、妨害工作を行ったとして華人を検挙、処刑したり、投降したイギリス兵・オーストラリア兵・インド兵を南進の妨げとして殺害したりした。日本軍が侵攻する前年、一九四〇年のマラヤ(マレー半島とシンガポール)の総人口は五五〇万人であった。そのうち四三パーセントが華人(二三五万人)、四二パーセントがマレー人(二二八万人)で、華人のほうがわずかに多いものの、両者の人口は拮抗していた。その他、インド人が七四万人(全体の一三パーセント)であった。

シンガポール占領後、日本軍は補給路の安定および東南アジアの資源確保のために、マラヤの治安回復を命じた。これに応じて、シンガポールと同様、マレー半島各地においても、華人の粛清が行われた。農村では、老幼男女を問わず皆殺しにされ、家屋が焼却された。都市部においては、疑わしい成年男子を検挙し、郊外に連行したあと虐殺した例も少なくない（林 一九九二、荘・許・蔡編 一九八四）。

マレー半島の最大都市クアラルンプールはスランゴール州の中央に位置する。そのスランゴール州の南に隣接するのがヌグリ・スンビラン州（州都はスレンバン）である。このヌグリ・スンビラン州では三〇〇〇人から三千数百人の華人が殺害されたと推定されている。また、ヌグリ・スンビラン州の南に隣接するマラッカ州でも、千数百人の華人が虐殺されたという。

写真 3-1-5　マラッカ華人抗日殉難義士紀念碑（筆者撮影）

シンガポール、ペナン、マラッカの三つの港湾都市は、マラッカ海峡に面するイギリスの海峡植民地として栄えてきた。「ブキ・チナ」（中国の丘という意味）と呼ばれるマラッカの丘陵地には、大きな華人墓地がある。そこに、一九四八年、マラッカ華人抗日殉難義士紀念碑が建てられた。この碑には、蔣介石によって書かれたという「忠貞足式」が刻まれている。日本帝国主義の下で殉じた烈士たちが、祖国に忠誠を誓い、日本との戦いで命を犠牲にすることを躊躇しなかったという意味である（写真3－1－5）。

2　華人への強制献金と皇民化政策

†奉納金の強制

日本軍の華人に対する制裁は、大検証だけで終わらなかった。一九四二年三月、占領下のマラヤで、日本軍は「日本軍に協力する」華僑協会を設立させた。シンガポールの昭南島華僑協会のほかに、マラヤおよび日本占領下のボルネオ島でも、各地に華僑協会が設立された。それらを総括する役割を果たしたのはマラヤ華僑総協会で、昭南島華僑協会はマラヤ華僑総協会の一支部という位置づけであった。

これらの華僑協会の設立の目的は、「奉納金」と呼ばれる日本軍への強制献金であった

（許・蔡編 一九八六、シンガポール・ヘリテージ・ソサエティ編 二〇一三）。現地の華人は中国・国民政府を支援し、連合軍に協力して日本軍に敵対した。本来なら皆殺しにするところであるが、罪をつぐなうことを行動で示せば赦《ゆる》してやるとして、日本軍へ五〇〇〇万海峡ドルの「奉納金」を求めたのである。海峡ドルはイギリスの海峡植民地（ペナン、マラッカ、シンガポール）の通貨で、マレー半島だけでなく、ボルネオ島北部のサラワク王国やブルネイ、イギリス領北ボルネオ（現在のサバ州）でも用いられていた。

奉納金の五〇〇〇万海峡ドルという総額はあまりにも多額のため、各州に献金額が割り振られた。それでも一九四二年六月までに集まった奉納金は二八〇〇万海峡ドルであった。結局、二二〇〇万海峡ドルを横浜正金銀行から借り入れ、各州の華人代表が借入金返済の保証人となることになった。横浜正金銀行とは、日本政府が貿易振興のために出資して一八八〇（明治一三）年に設立したもので、一九四六年、改組して東京銀行となった。

日本軍により昭南島華僑協会の会長に指名されたのが林文慶（リム・ブンケン）であった。林文慶は一八六九年、シンガポール生まれの華人三世で、福建人であった。イギリスに留学して医学を学び、シンガポールで医者となった。その後、銀行、保険、錫、ゴムなどでも成功した。厦門大学を創設した陳嘉庚に招かれ、厦門大学の学長も務めた。

シンガポールを占領した日本軍は、華人社会のリーダー的存在であった林文慶を、昭南島華僑協会の会長に就任させ、日本軍への五〇〇〇万海峡ドル「奉納金」の責任者に命じた。終戦後、林文慶は一部の華人から日本軍に協力した「漢奸《かんかん》」（売国奴）と批判された。日本統治下での林文慶の苦悩は、あまりにも耐えがたいものであったに違いない。

†皇民化政策

台湾・朝鮮において、日本は皇民化政策を実施した。「皇民」とは、天皇が統治する国、すなわち皇国（日本のこと）の民である日本人を指し、皇民化は強制的な日本化政策を意味する。朝鮮で姓名を日本風に改める創氏改名がおこなわれたことは、第1章のコラムでも紹介した。この皇民化政策は、地域によって内容は幾分異なるものの、日本が占領した東南アジアにおいてもおこなわれていた。このことは、あまり知られていないのではないだろうか。

日本軍占領後のマラヤでは強制的に日本時間が用いられるようになり、現地時間はそれまでから二時間早められた。マラヤの日本の軍政当局は、マラヤの共通語として日本語を導入し、日本の文化・価値観を通して、現地人の皇民化をおこなった。

現在のマレーシアやインドネシアなどのイスラーム圏でも天皇崇拝や神社参拝が推奨されたが、メッカを礼拝するイスラーム教徒には特に受け入れがたいものであった。

日本占領期の学校教育は、特に大きな制約を受けた。多民族社会であるシンガポールには、占領以前、華人、マレー人、インド人、欧亜混血のそれぞれの民族の言語、すなわち華語、マレー語、タミル語、そして英語で学べる四種類の学校があった。しかし、日本占領後は日本語教育が最優先され、各民族の言語の授業は一日一時間のみに制限された（写真3-2-1）。

写真3-2-1　日本の雑誌に掲載された「昭南島」での日本語教育の状況（旧フォード工場の展示を筆者撮影）

写真3-2-2　日本兵の看守にお辞儀をさせられる白人女性の収容者たち（セントーサ島投降記念館の展示を筆者撮影）

一九四二年一〇月になると、毎朝、教師と児童・生徒は校長の号令で皇居（宮城）がある東に向かって、立ったまま腰を九〇度曲げて全員で最敬礼する宮城遥拝がすべての学校で求められるよ

写真3-2-3　昭南神社の神橋の渡り初め
（旧フォード工場の展示を筆者撮影）

うになった。また日本人のお辞儀の習慣も、シンガポールの人びとに強要させた（写真3－2－2）。

学校だけでなく、役所や工場の職員、労働者、さらには刑務所の囚人に対しても、毎朝、「君が代」の斉唱、宮城遥拝が強制された。また、「見よ東海の空あけて　旭日《きょくじつ》高く　輝けば……」で始まる「愛国行進曲」も教え込まれた。

日本軍は、シンガポール占領後の一九四二年一〇月、伊勢神宮に地形が似ているとして、シンガポール中央部にあるマクリッチ貯水池の西端に新たに昭南《しょうなん》神社を建設した（写真3－2－3）。拝殿と神殿には日本から運んできたヒノキ材が使われた。建設には、イギリス・オーストラリア軍捕虜二万人が動員されたという（篠崎　一九七六）。

一九四三年一月、山下将軍の後任の斎藤中将は、マラヤやスマトラのスルタン（イスラーム世界における君主）をシンガポールに招待した際に、宗教的にまったく異なる昭南神社に参拝させた（篠崎　一九七六）。昭南神社は、日本の敗戦直後、日本軍により取り壊された。

†民族分離政策と「バナナ紙幣」

多民族社会であるシンガポール・マレー半島を統治した日本軍は、民族別にそれぞれ異なる政策をとっていった。経済的に大きな力をもっている華人に対して、多くのマレー人が反感を抱いていることを利用し、両者のさらなる分断を進めようとした。すなわち、日本軍は華人に対して厳しい政策をとりながら、マレー人、さらにはインド人に対しては、華人より友好的な態度で接しようとした。

マレー人に対しては、マレー人のなかの反英的民族主義者を支援し、反英運動を助長させた。マレー人はイスラームを信仰しているため、日本軍はイスラームへの理解を示すためにスルタン（州王）の地位を保護した。インド人に対しては、インド国民軍を組織し、反英意識を高め、反英運動を助長させた。

しかし、一九四三年頃から、華人だけでなく、マレー人やインド人も強制労働に駆り立てられるようになった。後述するタ

写真3-2-4　日本占領期に発行された「バナナ紙幣」　マラヤおよびシンガポールで用いられた10ドル紙幣。中央にバナナが描かれている（旧フォード工場の展示写真を筆者撮影）

イ・ビルマ間の泰緬鉄道の建設では、マラヤから強制的に約八万人を動員し、その半数が過酷な労働条件や病気などで死亡したといわれている。

日本軍はマラヤ支配の経済政策の一つとして、イギリス植民地下において使用されていた海峡ドルに代わって、日本軍によって発行された軍票を現地通貨とした。この軍票にはバナナの図柄が用いられていたため、現地の人びとからは「バナナ紙幣」と呼ばれた（写真3－2－4）。

だが、日本軍の戦況がしだいに悪化していくなかで、物価は値上がりし、極度なインフレ状況に陥る。これによりバナナ紙幣の価値は急減し、やがて日本の敗戦を迎えることになった。

3　教科書に書かれた日本軍のマレー半島侵攻

†マレーシア・シンガポールの教科書から

日本軍のマレー半島侵攻について、マレーシアやシンガポールの人びとは、中高生時代に授業で学び、よく知っている。一方、当事者であった日本人は、はたしてどれだけのことを理解しているだろうかと考えてみると、はなはだ心もとない。

それではマレーシアやシンガポールの歴史教科書では、日本軍のマレー半島攻略や占領統治などについて、どのように解説されているのだろうか。以下では、マレーシアやシンガポールの教科書の記述内容についてまとめていこう（石渡・益尾編 一九八八、越田編 一九九五による）。

一九四二年二月八日、日本軍はシンガポールへの攻撃を開始した。そして、二月一五日、イギリス軍司令官パーシバル中将は、日本軍司令官山下奉文中将に無条件降伏した。山下奉文は「マレーの虎」として有名になった。

結果的に日本軍は、マレー半島とシンガポールを七〇日間で占領した。当初、日本軍は一〇〇日間と予測していた。現在、東マレーシアと呼ばれるサバとサラワクも日本軍に占領されたが、東マレーシアで最初に占領されたのは、石油を産出するサラワク州東部のミリ（一九四一年一二月一六日占領）であった。ブルネイのセリア油田も同日、制圧された。

日本軍はマレー半島に在留していた日本人の助けを借りながら、南下していった。これらの日本人は、写真屋、漁師、商人、床屋として働いており、日本人のスパイが、ジャングル、ゴム園、丘陵地を案内していたのである。

日本人は「アジア人のためのアジア」のために戦っているんだと言っていた。マレー人も、はじめ日本を解放者だと期待したが裏切られた。日本はマラヤを日本の植民地であるかのように支配し、イギリスの支配よりはるかにひどかった。人びとに非常に恐れられたのが日本軍の憲兵隊であった。残酷な拷問を行い、手や足の爪を剝いだ。

日本は日本式の教育を持ち込み、日本語を勉強するように仕向け、学校ではお辞儀など日本人の挨拶の仕方、日本の習慣、「君が代」をはじめ日本の愛国的な歌なども教え込んだ。

日本がマラヤを占領したあと、華人は反日であると疑われ、刑務所に入れられた。イポー近くのアンパン村では、日本の憲兵が華人に殺されたため、調査もなしにすべての華人が処刑され、村は焼かれた。

以上の内容は、マレーシアおよびシンガポールで刊行された歴史教科書をもとにした概略である。その後、教科書の内容も少しずつ変更されている。次に、今日、シンガポールで用いられている教科書の記述内容を検討してみよう。

†小学校教科書にみるシンガポール占領

二〇二二年一二月、私はシンガポールを訪れた際に、学校で用いられている歴史教科書を入手した。これらの教科書では、日本軍のシンガポール攻略について、かなり詳細に記述されている。

シンガポールの教育制度では、プライマリーが六年制（日本の小学校に相当）、セカンダリーが四年制または五年制（日本の中・高校に相当）、そして大学進学を目指すポスト・セカンダリーが二、三年制となっている。

まず、小学四年生の社会科教科書 *Social Studies*（英語版、二〇二一年初版）をみてみよう。全五章のなかに「第四章　シンガポールの陥落と日本の占領」（二四ページ分）が設けられている。

その前半の節「日本のシンガポール侵攻」では、日本軍によるシンガポール陥落までの過程を説明している。とりわけ一九四二年一月三一日にシンガポールの対岸のジョホールバルまで達した日本軍が、陽動作戦としてジョホール水道の東側に位置するウビン島を攻撃した二月七日からイギリス軍が無条件降伏する二月一五日まで、日ごとの出来事が説明されている。

たとえば二月一二日には、日本軍がセントーサ島のシロソ要塞を攻撃し、イギリス軍は一隻の日本の船を沈めたこと、二月一四日、日本兵はアレクサンドラ軍病院を襲撃し、二〇〇人以上の病院のスタッフおよび患者を殺害したこと、さらに二月一五日の山下奉文将軍とイギリス軍のパーシバル将軍とのイギリスの無条件降伏交渉については、写真を掲載しながら解説している。また、山下奉文については、人物写真を掲載するとともにコラムを設けて紹介している。

さらに日本占領下のシンガポール人の暗黒の生活について、日本語教育の強制、日本兵に対してお辞儀を強要されたこと、華人に対する大検証（粛清）、食糧不足など当時の状況をイラストや写真を用いて具体的に説明している。

後半には「勇敢な人びと」という節が設けられ、アドナン・サイディ、リム・ボーセン（中国語名、林謀盛）、エリザベス・チョイ、そして日本人の篠崎護の四人が写真入りで取り上げられている。

このうち、アドナン・サイディ少尉率いるマレー歩兵旅団の中隊は、シンガポールのブキ・チャンドゥの激戦で非常に勇敢に戦ったという。リム・ボーセンは、マラヤの日本軍に関する情報を収集するための連合軍側で組織された一三六部隊のリーダーの一人であった。リムは一三六部隊の新たな兵士を集め訓練するとともに、マラヤ・シンガポールで日本軍と戦っている兵士に医者を派遣し、薬、食糧、弾薬などを提供した。一九四四年三月、リムはマラヤで捕まったが、厳しい拷問に対しても一三六部隊の情報を提供することなく、同年六月、収容所のなかで三五歳で亡くなった。教科書にはシンガポールのエスプラネード公園にあるリム・ボーセン記念塔の写真が掲載されている（写真3-3-1）。リム・ボーセンに関しては、シンガポールの多くの戦争資料館でも紹介されている。

写真3-3-1　リム・ボーセン（林謀盛）と記念塔
（右は筆者撮影）

　日本占領期にチャンギ刑務所の食堂で働いていたエリザベス・チョイ（中国名、蔡楊素梅）は、収容されていた捕虜に薬、お金、メッセージなどをひそかに提供した。しかし、憲兵隊に捕まって激しい拷問を受け、二〇〇日間収容された。戦後、慈善事業や社会福祉活動に積極的に取り組んだ。

篠崎護については、写真とともに次のように紹介されている。日本政府の職員であった篠崎は、ジョホールのエンダウへ一万二〇〇〇人の華人の再定住を援助した。また、ヌグリ・スンビランのバハウへの華人やユーラシアンの再定住も助けた。この再定住入植により、移住者は新しい土地で作物を栽培することができ、シンガポールの食糧不足が改善されたという。ここでは、すべての日本人が悪者であったわけではないことが語られていると言えよう。

†中学教科書にみる日本軍のシンガポール侵攻

一方、セカンダリーの二年生（日本の中学二年生に相当）では、『シンガポール　時を超えた旅、一二九九年から一九七〇年代まで』と題する歴史教科書（英語版）が用いられている。二〇二一年初版（二〇二二年重刷）をみると、上下巻（計四〇四ページ）に分かれている。全一〇章（ほかに序論、結論がある）のなかで、「第五章　第二次世界大戦で、シンガポールは日本軍に敗れる必要があったのか？」（三六ページ分）および「第六章　日本占領期、シンガポールの人びとはどのような経験をしたのだろうか？」（三五ページ分）の二つの章が設けられている。なお、同書の書名にある「一二九九年」というのは、シンガポールへの最初の入植が始まった年とされている。

まず第五章を見てみよう。ここでの重要なテーマは、なぜ日本はシンガポールに侵攻したのか、ということと、なぜシンガポールは日本に陥落したのか、という二点である。

一九三九年、ドイツのポーランド侵攻を契機にヨーロッパで始まった第二次世界大戦、一九三七年の盧溝橋事件を契機に始まった日中間の全面戦争などを整理した後、「シンガポールは、ほんとうに「難攻不落の要塞」だったのか？」という節が設けられている。日本の脅威が高まるなか、ヨーロッパでの戦争に対処する一方で、イギリス軍、オーストラリア軍など連合軍側の防衛体制が十分でなかったこと、日本軍がシンガポールを攻略する場合、海上から攻めてくるという誤った想定をしており、実際には日本軍はマレー半島を南下してシンガポールを占領したこと、そのマレー半島侵攻作戦においては、辻政信大佐が重要な役割を果たしたことを、辻の写真を掲載しながら説明している。

また、イギリス軍の総司令官パーシバルと日本軍の第二五軍総司令官山下奉文中将については、ともに写真を掲載しながら、人物紹介のコーナーを設けている。パーシバルが軍人養成学校の出身ではなく、元会社員から軍隊に入ったのに対し、「マラヤの虎」と呼ばれた山下奉文は陸軍士官学校を出て、中国や朝鮮半島でも軍指導者として十分な経験を積んだ生え抜きの軍人であったと解説している。

そのうえで、マレー半島に上陸した日本兵はジャングルでの戦闘にもよく訓練されており、自転車も使ってシンガポールに向けて移動したこと、このような日本軍に対して、イギリス軍の対応は不十分であったことが取り上げられている。シンガポールにおける戦闘については、九つの地点ごとにどのような戦闘があったのか説明がなされ、最後にイギリス軍の無条件降伏に至る経緯が解説されている。

†教科書に描かれた占領体験

つぎに第六章では、重要なテーマとして、日本占領期におけるシンガポールの人びとの具体的体験、そして日本降伏直後にどのような問題に直面したのかが取り上げられている。これまでの記述と重複する内容もあるが、改めて紹介していこう。

一九四二年二月一五日から一九四五年九月一二日（シンガポールで日本軍降伏調印式が行

われた日）まで、シンガポールは「昭南島」に改称され、シンガポールの時間は、日本時間に合わされた。食糧、教育、労働などすべての生活は、日本軍によって厳しく制限された。

日本軍に逆らう者への見せしめとして、殺したシンガポール人の頭を公の場所にさらし、反日分子を拷問した。シンガポール人は「ケンペイタイ」（日本語の音をそのまま使用し、Kempeitai と表記されている）を非常に恐れた。

さらに日本占領後、イギリス人、オーストラリア人などの連合軍捕虜は、ブキ・ティマ・ロードからチャンギ刑務所まで行進させられた。

これらの記述に続いて、粛清（虐殺）の実態についてイラスト、写真、図を用いて三ページにわたって解説している。大検証の様子を描いたイラストで興味深いのは、反日分子であるかどうかの選別をするための面談における、目元だけが開いた黒い布をかぶった人物の存在である（写真3－3－2）。これは、日本軍に協力して華人の面接対象者に質問する通訳

写真 3-3-2 大検証で日本兵の横に座り質問する日本軍協力者（シンガポールの中学教科書から）

であると同時に、対象者が反日分子であるかどうかの選別の判断で重要な役割を果たした人物である。

さらにつぎのように記述は続く。一九三七年の盧溝橋事件以降、日中全面戦争に突入し、マラヤの華人社会では日本製品ボイコットや中国への献金など反日運動が高まった。日本軍は華人の反日分子を警戒し、反日分子と判断した場合、彼らを粛清した。反日分子であるかどうかを検証するため、一八歳から五〇歳のすべての華人を大検証の場に集合させた。日本側の記録によれば、この大検証によって六〇〇〇人が殺害されたとみなされている。これに対し、殺害された者は二万五〇〇〇人から五万人との推計もあると、この教科書には書かれている。

日本軍の統治についても、日本がインドなどアジア諸国の植民地統治からの独立解放を助けると装ったり、華人に対して厳しく対処するのとは対照的にマレー人やインド人を優遇するなどの民族別の政策をおこなったりしたこと、日本語学習の強制、日本文化・精神の優秀性を宣伝し、日本の歌や剣道・柔道などの日本の伝統的体育を普及させようとしたことなども紹介されている。

そのほか、日本占領下でのシンガポールでの日常生活については、食糧の欠乏、病気の蔓延、シンガポールから農村地域への移住などについて触れられている。

米、塩、砂糖などの食品の必需品の購入は、配給券が必要とされた。日本が発行した大量の紙幣にはバナナが描かれていたため、住民は「バナナ紙幣」と呼んだことも取り上げられており、日本占領期の終盤には物資不足が深刻化するなかで死亡する住民も増加した。一九四二年から四五年にかけて亡くなった住民の数は、三七―四〇年に比べ倍増したという記述もある。

刑務所に収容された連合軍捕虜や住民が劣悪な状況におかれたことも紹介されている。もともと六〇〇人収容として作られたチャンギ刑務所には五〇〇〇人が収容され、その環境は劣悪であった。さらに連合軍捕虜は死体の埋葬、日本の神社の建設などにも労働力として動員された。一九四二年三月からは、「死の鉄道（Death Railway）」と呼ばれたタイ・ビルマの泰緬鉄道の建設のために送られ、劣悪な労働条件の下で約一万六〇〇〇人が亡くなったことも触れられている。

さらに、小学四年生の教科書でも取り上げられた四人が、中学教科書でも、より詳しく紹介されている。日本占領期、人びとは野菜、キャッサバ、サツマイモなど自らの食糧を自家栽培するようになった。しかし、それだけでは食糧不足を補えないために、住民をシンガポールからマレー半島へ移住させることになった。この移住計画を担当したのが、日本人の公務員、篠崎護（写真も掲載）であった。シンガポールの華人が現在のジョホール州のエンダウやヌグリ・スンビラン州のバハウに移住し、集落が作られた。そのほか、マラヤ人民抗日義勇軍や一三六部隊についての記述のなかでリム・ボーセンやエリザベス・チョイについても詳しく紹介されている。この章の最後には、一九四五年九月一二日、シンガポールの市庁舎で行われた日本軍の降伏調印式について述べられている。

写真3-3-3　セントーサ島シロソ要塞の戦争資料館での小学生の校外学習　日本軍のシンガポール侵攻、占領などについて詳しく学ぶ（筆者撮影）

†反日にならないシンガポール人

シンガポールの社会や歴史の教科書には、日本占領時代の悲惨さを伝える内容が詳細に書かれている。小学生や中学生が日本占領期のシンガポールについて、これほど詳細に学んでいるとは、日本人には驚きであろう。各地に戦争資料館が設けられており、校外学習も積極的におこなわれている（写真3－3－3）。

シンガポール人は、日本軍占領期の大検証・粛清などについて、学校の授業で詳しく学習している。このような授業により、シンガポール人は日本嫌いになっているのではないかと心配になってくる人もいるだろう。しかし、シンガポール人が学んでいるのは、あくまで歴史的事実であり、反日的な授業がおこなわれているわけではない。忘れてはいけない歴史的事実をしっかり学んだシンガポール人の多くは、親日的である。

アウンコンサルティングによる「日本への好感度について」の調査（二〇二〇年度）の結果を、中国・韓国・シンガポールで比較してみると次のようになる。おそらく日本への観光予定者などを対象とした調査だと思われるが、三か国を比較してみると、シンガポールの親日度が突出していることがわかる。

中国	日本が「大好き」35・1％	「好き」55・9％	計91・0％
韓国	日本が「大好き」28・0％	「好き」51・4％	計79・4％
シンガポール	日本が「大好き」59・6％	「好き」38・6％	計98・2％

「許そう、しかし忘れまい（Forgive but never forget)」。これは、シンガポールでよく目にする、耳にするスローガンである。日本人も、アジア・太平洋戦争で日本が行った事実を、しっかりと学び直すべきではないだろうか。

コラム 台湾で歌い続けられる「仰げば尊し」

「はじめに」でも書いたが、シンガポール留学中、私は台湾映画をよく見に行っていた。一九八〇年一月、私が見た映画のタイトルは『驪歌』。中国語辞書によれば『驪歌』とは卒業歌という意味だった。映画の終盤、卒業式のシーンになった。そこで卒業生たちが合唱したのが、なんと「仰げば尊し」であった。歌詞は中国語であるが、なつかしいメロディーだ。

今日の日本では、「旅立ちの日に」などが卒業式に多く歌われるようになり、「仰げば尊し」を聞くことが少なくなった。しかし台湾では、今日でも「仰げば尊し」（台湾での曲名は「青青校樹」）が卒業式の定番曲として歌い続けられている。

その他にも台湾人の日常生活には、日本統治時代の名残がみられる。日本統治時代に建てられた台湾総督府の建物は、現在も中華民国総統府として用いられている（写真）。

台湾の家屋には、今も和室を設けている例がある。マンション販売の広告にも、「和室あり」がセールスポイントになったりする。畳のことを台湾では「榻榻米《タタミ》」と表現する。

日本統治時代の台湾総督府の建物　現在は中華民国総統府として利用されている（筆者撮影）

ここで台湾と日本との関係を整理しておこう。一八九五（明治二八）年の日清戦争の講和条約である下関条約で、遼東半島、台湾、澎湖《ほうこ》諸島が日本へ割譲された。以後、一九四五年の日本の敗戦までの五〇年間、台湾は日本の植民地となった。以後、台湾人の日本への同化政策が進められていくが、一九三七（昭和一二）年からの日中戦争の拡大に伴い、台湾人のさらなる日本化を促すために皇民化運動が推進された。日本語教育の徹底、台湾の寺廟の取り壊しと神社への改築、台北時間から東京時間への変更などがおこなわれた。戦争の拡大に伴い、志願兵制度、さらには徴兵制度も実施された。

日本の敗戦後、台湾は国民党政権の中華民国に編入され、公用語は「国語」（台湾華語とも呼ばれる）となった。一九四九年、中華人民共和国が成立すると、国共内戦に敗れた中国国民党の中央政府が台湾に移転し、台湾は国民党の独裁体制となった。

同じ日本の植民地となった韓国に比べると、台湾の反日感情はそれほどでもない。日本人にとってはありがたいことではあるが、その背景について理解しておく必要があろう。

終戦後、台湾では「犬去りて豚来たる」（中国語では「狗去猪来」、「猪」は中国語では豚の意味）という言い方が流行した。敗戦により日本は台湾から出ていったが、台湾は大陸から来た国民党が支配することになったという意味である。これは、台湾人が国民党を皮肉る言い方である。「犬」は日本人、「豚」は国民党を意味する。犬はうるさいけれど番犬にはなった、しかし国民党は何もしないでむさぼり食うだけだ、というような意味である。一九四七年には、国民党支配への台湾人の反発が大規模な抗議運動および騒乱となり、それを弾圧しようとした国民党政府による民衆虐殺にまで発展した（二・二八事件）。

台湾人の親日感情の背景には、こうした台湾人の国民党支配への根深い不満もある。日本人は単純に喜んでいるだけではなく、そうした背景も踏まえておく必要があるだろう。

第 4 章

東南アジア各地への侵攻

泰緬鉄道「クウェー川鉄橋」の建設現場

1　インドネシア占領

†投げ捨てられた献花

シンガポールを占領した日本軍は、さらに東南アジア各地に展開していった。その過程で、マラヤにおいて日本軍が行ったのと同様の行為が、現地に住む人びとに対しても強制、実施された。まず、インドネシアからみていこう。

一九九一年七月、海部《かいふ》俊樹《としき》首相はオランダを訪問した。その際、ハーグにあるオランダ領東インド（蘭印）戦争犠牲者記念碑に立ち寄り、献花をした。一九四二年から四五年の終戦まで日本が占領したオランダ領東インド（以下、インドネシア）において、オランダ人入植者や捕虜約一三万人が抑留され、うち二万人以上が死亡したとされる。そのような犠牲者を慰霊するために捧げた献花は、数時間後には近くの池に投げ捨てられていた。これは、インドネシアを日本が占領した際にオランダ人に与えた憎しみが、五〇年近くたっても忘れられていないことを物語っている。

同年一〇月、オランダのベアトリックス女王が来日した際、海部首相は東京・元赤坂の迎賓館に女王を表敬訪問して会談した。その際、オランダ人の戦争犠牲者問題について「オランダの人びとが耐えがたい苦しみを受けられたことは遺憾だ」と改めて遺憾の意を表明した。

天皇陛下の「祈りの旅」をまとめた朝日新聞は、オランダ訪問（二〇〇〇年五月二三―二六日）について次のように記録している。

> 二〇〇〇年五月二三日、オランダの首都アムステルダム。戦没者記念碑が立つ広場には数千人が詰めかけていた。
>
> 天皇、皇后両陛下が花輪を捧げて黙礼すると、広場を静寂と緊張が包んだ。一分あまりがたち軍楽隊が演奏を始めたが、それでも両陛下はさらに数十秒、頭を上げなかった。（略）
>
> 第二次大戦中に日本軍は、インドネシアで捕虜四万人と民間人九万人のオランダ系住民を強制収容所に抑留、多くの死者が出た。このためオランダでは反日感情が根強

く残り、一九七一年の昭和天皇訪問の際には、車列に魔法瓶が投げつけられこともあった。（略）

ベアトリックス女王夫妻主催の晩餐会《ばんさん》で、天皇陛下は大戦中の「過去」に言及した。直前まで陛下自身も推敲《すいこう》を重ねた「おことば」で、「今なお戦争の傷を負い続けている人々のあることに、深い心の痛みを覚えます」と述べ、従来の表現より踏み込み、被害者一人ひとりの心情を思いやる意味合いを込めた。

ベアトリックス女王も先立つスピーチで「日本国民も、特に終戦直前の大変な日々には、この悲痛な戦いの想像を絶する結果に見舞われました」と、日本人の被害について触れていた（朝日新聞デジタル「祈りの旅　二〇〇〇年五月二三〜二六日　オランダ」）。

多くの日本人は、インドネシアを通して、オランダと日本の間にこのような歴史があったことをほとんど知らないのではないだろうか。

†オランダ軍の降伏

日本軍が東南アジアへ侵攻した最大の目的は、豊富な石油資源を有するインドネシアの占領であった。アジア・太平洋戦争を継続するために、豊富な産出量を誇るインドネシアの油田の確保が不可欠であった。

一九四二年一月一三日、ボルネオ島東海岸に位置するタラカン（現在の北カリマンタン州に位置）を攻略し、一月二五日にはバリクパパン（現在の東カリマンタン州に位置）を占領した。

オランダ領東インドの中で日本軍がもっとも重要視したのが、スマトラ島南部に位置するパレンバン（中国語名は「巨港」、現在の南スマトラ州の州都）であった。パレンバンには東南アジア有数の油田があったからである。パレンバンは海岸から直線距離で七〇キロメートルあまり内陸にあるため、空挺部隊による落下傘攻撃がおこなわれた。一九四二年二月一四日（シンガポール占領の前日）、落下傘部隊の奇襲作戦は成功し、日本軍はパレンバン油田をほとんど無傷のまま占領した。

同年三月一日、首都ジャカルタ、バンドンなどがあるジャワ島の攻撃が始まり、三月九日、オランダ軍は降伏した。

インドネシアの住民のなかには、日本軍によるオランダ植民地からの解放に期待した者もいたが、現実は異なっていた。

インドネシアのある住民は、日本人は「バゲロー（馬鹿野郎）と言って頭を叩くのです。インドネシア人にとって、頭は神聖で敬うべきものなのです」と振り返っています。自転車に乗っていて憲兵隊に捕まり一週間拘禁された男性は、「ケンペイタイは、常軌を逸するほど、乱暴で残酷でした」「日本人はどうしてこんなことをするのか、本当に理解に苦しみました」と回想しています（NHK 戦争を伝えるミュージアム「日本が掲げた「大東亜共栄圏」とは」）。

†オランダ人慰安婦問題

日本軍による韓国人の従軍慰安婦問題については、日本国内でも報じられることが少なくない。しかし、日本占領下のインドネシアにおけるオランダ人慰安婦問題についてはあまり知られていない。

オランダ政府は、一九九三年、「日本占領下オランダ領東インドにおけるオランダ人女性に対する強制売春に関するオランダ政府所蔵文書調査報告」という報告書をまとめている。それによると、日本軍の慰安所で働かされていたオランダ人女性は二〇〇人から三〇〇人に上るという。

戦後、オランダのBC級戦犯裁判が開かれ、そのなかでオランダ人慰安婦関係で戦犯容疑も問われた。しかし、実際に慰安婦関係が「戦犯」容疑で起訴され有罪となったのは、スマラン慰安所事件だけであった。これは、一九四四年初頭、中部ジャワのスマランおよびその南に位置するアンバラワにあった五つの抑留所で女性の選別が行われ、四つの抑留所にいた女性三五名が連行された事件である。終戦後の一九四八年二月にバタビア（現ジャカルタ）で開催された臨時軍法会議では、一三人のうち、一人に死刑、一一人に禁固刑が言い渡された（『朝日新聞』一九九二年八月三〇日）。

2 「死の鉄道」泰緬鉄道

†泰緬鉄道

一九四二年六月、ミッドウェー海戦で大敗した日本軍は重要な制海権を失い、海上輸送路とは別に陸上輸送路の確保が課題となった。

日本軍は、一九四四年三月、ビルマからインド北東部へ侵攻するインパール作戦を開始する。この作戦のためには、事前に軍需物資を補給する新たな陸上輸送路が必要であった。

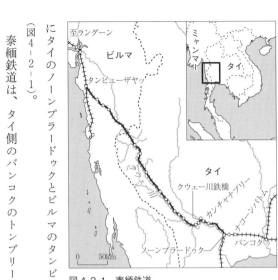

このため、タイ（中国語で泰国）とビルマ（緬甸）との間に泰緬鉄道の建設が行われた。建設工事は一九四二年七月に開始され、翌一九四三年一〇月にタイのノーンプラードゥクとビルマのタンビューザヤッを結ぶ約四一五キロが開通した（図4-2-1）。

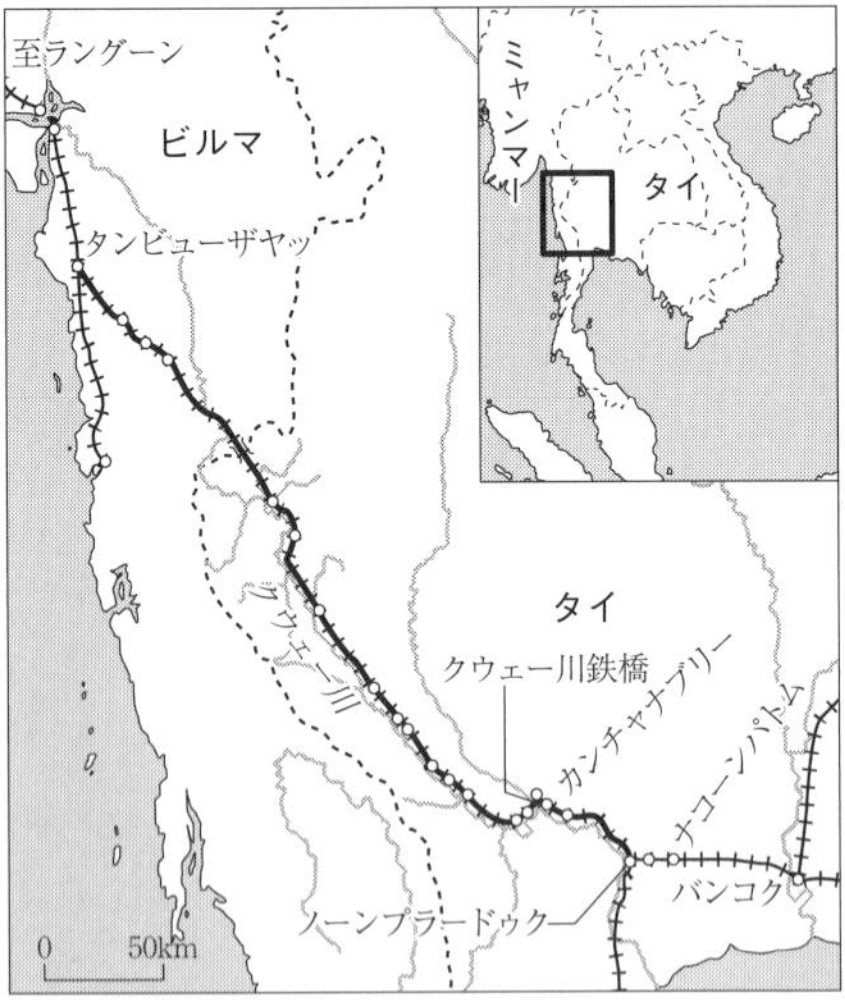

図 4-2-1　泰緬鉄道

泰緬鉄道は、タイ側のバンコクのトンブリー駅を始発駅とし西方へ進み、ナコーンパトム、カンチャナブリーを通り、クウェー川（日本では後述する映画の影響で、クワイ河と呼ばれる）鉄橋を渡り、ビルマの首都ラングーン（現在のヤンゴン）へと至る単線のルートであった。

わずか約一年三か月で完成した泰緬鉄道であったが、その建設工事では、歴史に残る悲惨な強制労働が展開されたのである。

写真 4-2-1　泰緬鉄道の建設に従事させられた連合国軍捕虜（1942年）

泰緬鉄道の建設には、日本軍約一万二〇〇〇人、連合国軍捕虜約六万五〇〇〇人のほかに、東南アジアにおける日本軍占領地域から多数の「ロームシャ」が連行されてきた（写真4－2－1）。東南アジアでは「労務者」の日本語読みが、そのまま現地語化したところもあり、たとえば、インドネシア語では「romusha」と表記される。

マラヤから約八万人、インドネシアから約四万五〇〇〇人、ビルマから約一八万人、タイから数万人のロームシャが泰緬鉄道の建設工事に従事させられた。ジャングル内での鉄道建設工事は難航し、さらに食糧も不足するなどきわめて劣悪な環境であったために、一万五〇〇〇人の捕虜、ロームシャの

写真4-2-2　泰緬鉄道のクウェー川にかかる鉄橋（筆者撮影）

写真4-2-3　戦時中、泰緬鉄道で使われた日本製蒸気機関車　クウェー川鉄橋のほとりにて（1979年筆者撮影）

半数が死亡したと言われている。

このように泰緬鉄道の建設にあたって多数の犠牲者を出したため、「死の鉄道」（Death Railway, 中国語では「死亡鉄路」）と呼ばれるようになった。

イギリス軍兵士、アルバート・モートンは、一九四二年二月、陥落したシンガポールで日本軍に捕らえられ、三年半もの間、泰緬鉄道の建設に強制労働させられた。この間、秘かに日記を書き、スケッチを描いた。戦後、イギリスに帰国し、『泰緬鉄道からの生還』（モートン　二〇〇九）を刊行した。

泰緬鉄道に関しては、アメリカ映画『戦場にかける橋』（*The Bridge on the River Kwai,* 一九五七年）を通して、日本を含め世界中の人びとが知ることになった。この映画は、イギリス軍捕虜の将校と、日本軍の将校との交流などを描いた映画である。監督はデビッド・リーン、主演はウィリアム・ホールデンで、一九五七年のアカデミー賞を作品賞、主演男優賞、監督賞など七部門で受賞した。この映画の主題歌「クワイ河マーチ」は、年齢層を問わず多くの日本人にも愛される行進曲になっている。

タイ側には線路の一部が残っており、なかでもカンチャナブリーのクウェー川(クワイ河)にかかる鉄橋は、バンコクからの日帰り観光地として人気が高い(写真4-2-2、3)。

†「戦場にかける橋」で出会った元イギリス兵捕虜

一九七九年、当時シンガポールに留学中だった私は、一人旅でバンコクを訪れていた。早朝五時半に目をさました。六時半にホテルまで、クウェー川ツアーのマイクロバスが迎えにきた。市内のあちこちのホテルを回り、一〇人あまりの観光客をピックアップして、七時二〇分、バンコクを出発した。

八時五五分、バンコクから五六キロメートル離れたナコーンパトムの町を通過。一路カンチャナブリーをめざす。道路の両側は、サトウキビとトウガラシの畑が多い。あちこちの農家では、真っ赤なトウガラシが干されていた。

一〇時一五分、バンコクから一三〇キロ離れたカンチャナブリーに到着。まずはクウェー川の河岸にある戦争博物館を参観した。ここには、戦争中、日本軍が連合国軍側捕虜をいかに虐待したかを示す写真や道具が展示されていた。この戦争博物館の展示説明には、日本人の蔑称である「JAP」がやたら書かれていた。

このマイクロバスに同乗した客は、一組のインドネシア人夫妻と私の他は、イギリス人やオランダ人など旧連合国側の人たちであった。私ひとりが日本人であることを意識しないわけにはいかなかった。

このツアー一行のなかでもっとも気を遣ってくれたのは、皮肉なことにタイ人のツアーガイドであった。戦争中の話になると、どうしても日本の悪口を言うような説明ばかりになる。そのことに気がとがめるのか、休憩のたびに彼は「日本人のなかにも親切な人がいた……」というようなことを言って気遣ってくれた。私が日本人であることを知っているのは彼だけのようで、ヨーロッパ人のツアー客には、同じアジア系である日本人もタイ人も、容貌だけでは区別がつかない様子であった。

このツアー客のなかにイギリスから来た一組の老夫婦がいた。彼らとツアーガイドの英語の会話が、私にも聞こえてきた。それによると夫は、戦争中、泰緬鉄道の建設に従事させられたイギリス人捕虜であった。六か月間、シンガポールで捕虜生活を送り、その後、マレー半島を経由して、この泰緬鉄道の建設現場に連れてこられたという。

マイクロバスがしだいにクウェー川に近づいてくると、彼はバスの前方に広がる景色を凝視し始めた。どうも見覚えのあるような景色になってきたらしい。彼は少々興奮気味にタイ人ガイドにしゃべりだした。すると気の利いたガイドは、マイクロバスを一時停車させ、この元イギリス兵捕虜を、車窓がよく見える助手席に座らせた。

写真 4-2-4　泰緬鉄道の建設に動員された元イギリス兵捕虜夫妻（1979年筆者撮影）

クウェー川の「戦場にかける橋」に着くと、このイギリス人夫婦は、鉄橋の上で肩を組んで記念写真を撮ってもらっていた（写真4-2-4）。私は彼らに、自分が日本人であること、そして彼が日本軍の捕虜になったシンガポールにある大学に留学中であること、そして、私の名前が日本軍の最高司令官と同じYamashitaであることを、どうしても言い出せなかった。

3　マニラ、バターン半島、そしてフィリピン占領

†「オマエ　ドコイクカ！」

私が初めてフィリピンを訪れたのは一九八〇年のことであった。旅行ガイドブック『地球の歩き方』シリーズが創刊し「ヨーロッパ」と「アメリカ」の二冊が刊行されたのは一九七九年のことであったから、海外旅行はまだ珍しく、ましてバックパッカーという表現など定着していなかった。私のような貧乏旅行者は、現地に到着してから安宿を探し回った。

マニラに到着し、とりあえずYMCAのホテルならあまり高くはないはずだと思って行ってみた。さいわい一泊三八ペソ（当時、約一三三〇円）の空室があり、泊まることができた。

チェックインの後、外出しようとしたとき、ホテル内の通路でフィリピン人の中年男性客とすれ違った。その途端、「オマエ　ドコイクカ！」という声が聞こえた。びっくりし

て後ろを振り返ると、彼はニコニコしながら、今度は「ニホンジン?」と尋ねてきた。久しぶりに日本人に会って、知っていた日本語を急に思い出し、思わず声をかけてしまったようだ。フィリピンを日本が占領していた時期、住民が街を歩いていると、日本兵に「オマエ　ドコイクカ!」と、たびたび呼び止められたらしい。

†バターン半島攻略

一五二一年、世界周航のマゼランがフィリピンに到着して以来、フィリピンはスペインの統治を受けることになった。一八九八年のアメリカ・スペイン(米西)戦争の結果、フィリピンはアメリカ領となった。

一九四一年一二月八日、日本軍によるハワイ真珠湾奇襲攻撃の一〇時間後、日本軍はマニラの北西約六〇キロメートルにあるクラーク・フィールド飛行場などを攻撃した。

日本軍は、一二月二二日には首都マニラがあるルソン島西部のリンガエン湾に、そして二四日にはラモン湾に上陸した。当時、在フィリピンのアメリカ陸軍とフィリピン陸軍の合同部隊であるアメリカ極東陸軍を指揮していたのは、ダグラス・マッカーサー大将であった。

アメリカ極東陸軍は、市内に戦火が及ぶのを避けてマニラから撤退し、西部のバターン（現地のタガログ語では「バタアン」）半島とコレヒドール要塞にこもって、日本軍を待ち構える作戦を採った。このため、日本軍は一九四二年一月二日、首都マニラに無血入城した。

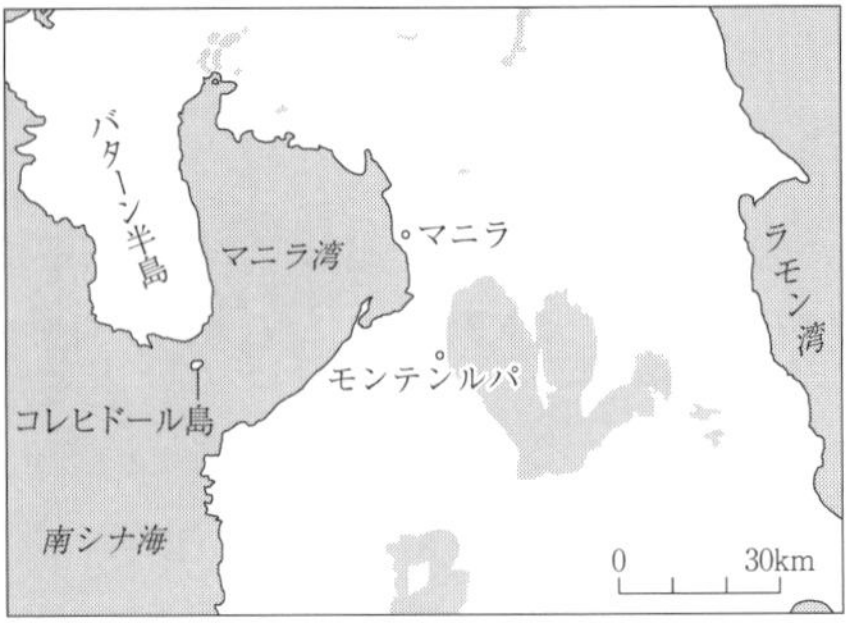

図 4-3-1　マニラ湾周辺

ルソン島中西部にあるバターン半島は、マニラの西、約五〇キロメートルに位置する。半島はマニラ湾の西に突出しており、その南端沖にコレヒドール島がある。スペイン植民地時代から、コレヒドール島にはマニラ防衛のために要塞が築かれ、アメリカ植民地になってからも重要な軍事基地が形成されていた。

マニラでの決戦を避けて、軍の主力をバターン半島に撤収させるという作戦は、日本軍侵攻以前から作成していた事前計画に沿ったものだった。アメリカ極東陸軍はここで日本軍に対して激しく抵抗し、多大な損害を与えた。

日本軍は兵力を増強して再びバターン半島を攻撃したが、アメリカ極東陸軍は抵抗を続けた。しかし、四月上旬、日本軍はバターン半島を攻略し、五月七日にはバターン半島南端、約四キロメートルの沖合に浮かぶコレヒドール島の要塞も占領した。アメリカ極東陸軍の敗北により、日本軍は、フィリピン全域を制圧することになった（図4－3－1）。

†バターン死の行進

写真4-3-1　バターン死の行進のアメリカ軍捕虜

バターン半島の戦いで捕虜となった極東陸軍の兵士の数は、日本軍の予想をはるかに超え、バターン半島の突端からサン・フェルナンドの収容所まで移送するのに必要なトラックが不足した。結局、アメリカ極東陸軍の捕虜約七万人を炎天下で約一〇〇キロメートル（八三キロメートルとも言われる）歩かせ、多くの死者を出す結果となった（写真4－3－1）。犠牲者数には不確かな点も多いが、アメリカ陸軍によると、アメリカ軍約一〇〇〇人、フィリピン軍約九〇〇〇人、計約一万人が犠牲になったという（『読売新聞』二〇二二年四月二二日）。二万人

図 4-3-2 「バターン死の行進」のルート

近くが餓死・病死したとも伝えられている（保阪正康「比島決戦とは何だったのか」『週刊朝日』二〇一六年二月五日）。

日本軍によるこの残虐行為は戦争史に残る汚点であり、「バターン死の行進」として世界的によく知られるようになった（図4-3-2）。

あるフィリピン人は、「バターン死の行進」を生き延びた祖父から次のような過酷な体験を聞いたという。

元フィリピン兵だったケマドさんの祖父は、道中で倒れた捕虜が放置されたり、側溝に落とされたりしたのを目の当たりにしたという。「一日の食事はサツマイモ一つだけ。ネズミやイモムシを捕まえては食べ、飢えをしのいだ」。祖父の説明に衝撃を受けたことを今も忘れない。祖父は戦後、つらい体験のトラウマに悩まされ、夜中に「日本兵を殺せ」と叫んだこともあった（『読売新聞』二〇二二年四月二二日「「死の行進」語り継ぐ　フィリピン「バターン」80年　捕虜の子孫ら」）。

†フィリピン占領が高めた反日意識

バターン半島攻略により日本軍は三年以上にわたり、フィリピンを占領した。しかし、フィリピンは山岳地帯が多く、日本軍は抗日ゲリラによる反撃に苦しめられた。アメリカ軍はひそかに潜水艦などで軍需物資をゲリラ部隊に支援した。

日本は東南アジアへ侵攻する際に、「アジアの解放」という大義名分を掲げていた。しかし、フィリピンではそれは通じなかった。すでに一九三四年のアメリカの議会で、一〇年後のフィリピン独立を認める法律が成立していたからである。結果的に、フィリピンは終戦後の一九四六年七月四日にアメリカから独立した。

日本軍占領下のフィリピン人は、極度の食糧不足に追い込まれた。スペイン・アメリカの植民地であったフィリピンではサトウキビやタバコの生産が農業の中心であり、主食となる米はインドシナからの輸入に依存していたためである。住民の中には飢餓や物乞いに追い込まれる者もいた。

前述したように、アメリカ極東陸軍の重要な軍事拠点であったコレヒドール要塞が日本軍によって占領されたのは、一九四二年五月七日であった。しかし、アメリカ極東陸軍の司令官、ダグラス・マッカーサーは、これより二か月近く前、戦闘が続いている三月一一日に軍隊を残したまま魚雷艇に乗ってコレヒドール島を離れ、ミンダナオ島を経由し、オーストラリアに脱出した。このときマッカーサーが残した言葉が、あの有名な「I shall return（私は必ず帰る）」であった。

占領下の皇民化教育の強制や日本兵による暴力は、スペインやアメリカによる支配の下で西洋文化の影響を強く受けてきたフィリピン人の反日意識を高めていき、抗日ゲリラ組織への参加を促した。一般住民とゲリラの区別が困難であることから日本軍の憲兵隊の行動はますます厳しくなっていき、拘束されたフィリピン人は拷問された。

†マニラの陥落と住民の虐殺

一五七一年、スペイン人はフィリピン統治のためにマニラの中心部に高さ七メートル近い外壁で囲まれたイントラムロス（スペイン語で「壁の内側」という意味）と呼ばれる城壁

（囲郭）都市を建設した。外敵の侵入を防ぐためのものであり、夜間や緊急の場合には城門が閉じられた（図4－3－3、写真4－3－2）。

イントラムロスの内部にはアメリカ植民地時代にも堅牢な建物が建設されており、アメリカ軍の反攻によって追い詰められた日本軍もここで徹底抗戦した。内部にあったロマネスク風建築はほとんど破壊されてしまったが、サン・アグスティン教会は現在も残っている。

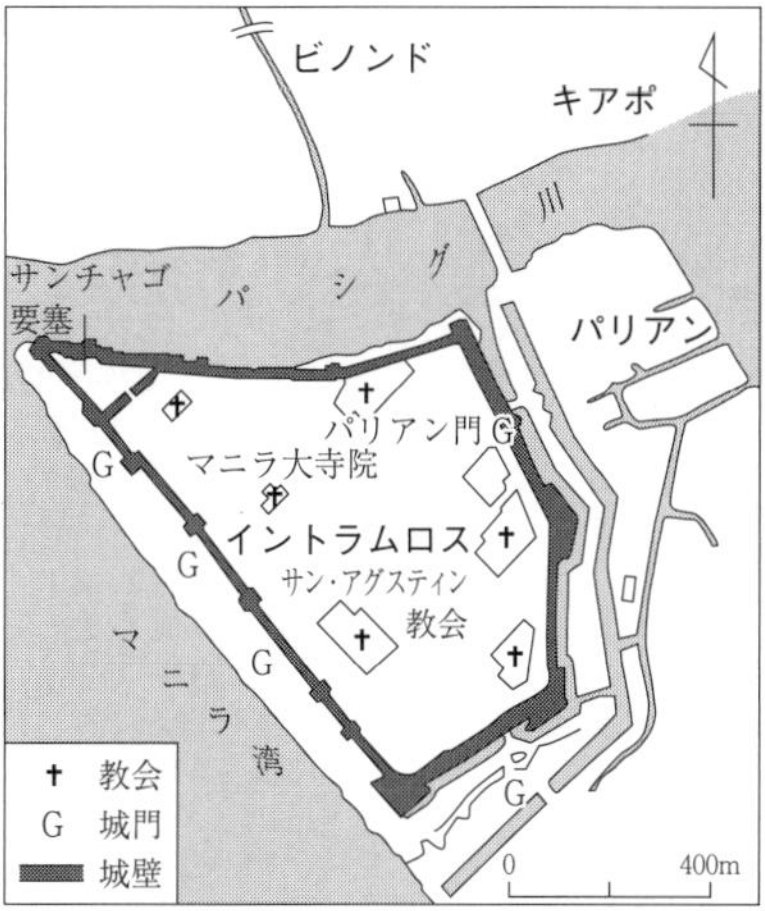

図4-3-3　1650年頃のマニラのイントラムロス（山下　1987より作成）

一九四二年二月のシンガポール占領で大きな功績をあげた山下奉文は、同年七月には、満洲の第一方面軍司令官に転任した。そして一九四四年九月、すでに厳しい状況に追い込まれていたフィリピン防衛のため、第一四方面軍司令官に任命された。「I shall return」と述べてフィリピンを離れたマッカーサーがレイテ島に上陸し、フィリピンに戻ってきたのは、

写真4-3-2　イントラムロスの入口　イントラムロスの周囲は高い城壁で囲まれている（筆者撮影）

コレヒドール島を脱出してから二年七か月後の一九四四年一〇月二〇日であった。その後、日本軍に対するアメリカ軍の攻撃がしだいに勢いを増していった。

　レイテ島の戦いなどで戦力を消耗していた日本軍には、もはや正面からアメリカ軍と戦うことは困難であった。そのため山間部に広く分散して持久戦に持ち込む戦略を立てていたが、一部はマニラを離れることに抵抗を示し、市内に留まった。

　マニラ都心部への本格的な攻撃は一九四五年二月からであった。アメリカ軍は日本軍を包囲し、マニラ市街地に閉じ込めたが、そこには多くのフィリピン人が残されていた。このことが日本兵に死に物狂いの抵抗をさせる引き金となり、ひいては絶望的になった日本兵による残虐行為の原因になったとする批判もあるという。アメリカ軍は一九四五年三月三日、マニラを占領した。

　イントラムロスの北端のサンチャゴ要塞には地下牢があり、日本軍占領下では拘束された多数のフィリピン人がこの地下牢で厳しい拷問を受け、虐殺された。アメリカ軍がイントラムロスを占領した後、この地下牢から三八〇体の遺体が発見された。その多くは餓死者であった。この「マニラの大虐殺」は、「バターン死の行進」とともに、終戦後のフィリピンにおけるBC級軍事裁判で大きな問題として取り上げられた。マニラの市街戦におけるフィリピン人の犠牲は一〇万人以上にも達したといわれている。

マニラからバギオ、山間部へ

図 4-3-4　フィリピンのルソン島北部

一九四五年一月、山下奉文司令官はマニラを離れて、約二〇〇キロメートル北にあるルソン島北部のバギオに向かった（図4－3－4）。バギオは標高一四〇〇―一五〇〇メートルに位置し、アメリカ植民地になってから避暑地として開発された高原保養都市である。日本でいえば、東京と軽井沢の関係に近く、日本人はバギオを「フィリピンの軽井沢」と呼んできた。バギオに向かう山間部のベンゲット道路の建設では、日本人労働者、特に沖縄出身者が多く導入され、難工事の末、完成した。

マニラからバギオに移動した日本軍および在留邦人は、アメリカ軍に追われながら、さらに山間部の広大な地域に分散し、自活自戦を継続しているなかで、終戦を迎えた。山間部の日本側戦死者は約五二万人に上ったといわれる。

山下奉文司令官は、バギオの北東、約六五キロメートルにある標高約八四〇メートルのイフガオ州のキアンガンまで逃れた。一九四五年九月二日、そこでアメリカ軍に降伏し、翌三日、バギオで降伏文書に署名した。

†山下奉文降伏の地

一九八〇年五月、バナウエをめざして私は高原保養都市バギオから朝六時発のボントック行きのバスに乗車した。途中、バスは二度も故障し、臨時停車。一二時半、ボントックに到着し、そこからバスを乗り換え、一五時すぎにバナウエに到着した。

バナウエは美しい棚田に囲まれた町である。地理学を研究していた私は、バナウエで暮らす少数民族イフガオ族と、彼らが栽培する水稲の有名な棚田を見ることを目的としてい

写真4-3-3　バナウエの棚田とイフガオ族　イフガオ族の男性は裸足で、伝統的なふんどし姿であった（筆者撮影）

た（写真4－3－3）。

貧乏旅行者である私は、安ホテルを探して商店の店先にいたおばさんに尋ねると、その二階がホテルだという。一泊七ペソ（約二五〇円）の部屋に泊まってみることにした。日が暮れてやっと気がついたが、部屋に電気はなく、照明はランプであった。

美しい棚田の景観を見ながら、峠道を少し登ると、突然、「YAMASHITA」という文字が目に飛び込んできた。それは、「YAMASHITA SURRENDER SITE」、すなわち「山下降伏の地」への方向を示した道路案内板であった（写真4－3－4）。バナウエの南、約一五キロメートルのキアンガンで、山下奉文司令官は降伏したのである。恥ずかしながら山下奉文が降伏したところが、こんな山奥にあるとは知らなかった。

だが、戦争は片方が降伏すればそれでおしまいという単純

写真4-3-4　山下奉文降伏の地の案内板（筆者撮影）

なものではない。戦いが終わってから、それまで隠されていた残酷で悲惨な状況が次から次に明るみになってくるのである。

次の第5章では、戦争の終わり方に焦点を当てつつ、まとめていくことにしたい。

コラム

「あゝモンテンルパの夜は更けて」

日本軍との激戦地となったフィリピンでは、連合軍マニラ軍事裁判が開かれた。一九四五年九月二日、アメリカ軍に降伏した山下奉文大将は、日本軍によるフィリピン人虐殺などの責任を問われ、一九四六年二月、マニラ郊外、ロス・バニョスで絞首刑となった。

マニラ軍事裁判後、日本人戦犯者はマニラ中心部から南二〇キロメートルあまりに位置するモンテンルパ市内（図4－3－1参照）のニュー・ビリビッド刑務所に収容された。この刑務所は、通称「モンテンルパの丘」と呼ばれた。

ニュー・ビリビッド刑務所に収容されていた二人の戦犯死刑囚が日本への望郷の念を込めて作詞（代田銀太郎）、作曲（伊藤正康）したのが「モンテンルパの歌」であった。日本からこの刑務所に派遣されていた教誨師《きょうかいし》（受刑者に対し、その非を悔い改めるよう教えさとす人）の加賀尾秀忍《かがおしゅうにん》が、機転を利かして、「桑港《サンフランシスコ》のチャイナ街《タウン》」「蘇州夜曲」「支那の夜」など多くのヒット曲で有名な渡辺はま子（一九一〇―九九）の自宅に譜面を送った。一九五二年五月のことであった。

これがきっかけとなり、一九五二年九月、曲名のみ若干変えた「あゝモンテンルパの夜は更けて」は、渡辺はま子と宇都美清《うつみきよし》とのデュエットで発売され、大ヒットとなった。

同年一二月、渡辺はま子は、モンテンルパのニュー・ビリビッド刑務所を訪問した。五九人の死刑囚、そして無期、有期刑の人たち一〇八人を前に、監房の中でのコンサートとなった。最後に「あゝモンテンルパの夜は更けて」を渡辺はま子が歌った後、全員で涙しながらの大合唱となったという。

一九五三年七月、フィリピン大統領エルピディオ・キリノは自らの妻と子ども三人を日本兵に殺されていたが、大統領の独立記念日特赦により、戦争犯罪者一〇八名全員の日本への帰国が実現した（中田 二〇〇四、新井 一九九六）。

第 5 章

日本の敗戦

ソ連軍を歓迎する奉天市民

1　中国に残された日本人

†ソ連の参戦

第1章で取り上げたように、一九三二（昭和七）年三月、日本の傀儡国家、満洲国が設立された。その後、満洲に移り住んだ日本人移民や日本軍兵士は、アジア・太平洋戦争の状況の悪化により、きわめて過酷な運命をたどることとなった。

一九四五年八月六日、広島に原爆が落とされた。その二日後の八月八日、ソ連は日ソ中立条約を破棄し、日本に宣戦布告した。そして、八月九日未明、国境を越えて満洲国へ侵攻してきた（図5-1-1）。

ソ連の参戦を知った関東軍や軍人家族らは、即座にトラックや列車で満洲国の南部へ避難した。そのため、民間人や満洲開拓団の家族らがソ連侵攻を知ったときには、すでに現地に取り残されていたのである。

現在の北朝鮮と中国の国境に、長白山（朝鮮名、白頭山）に水源を発する図們江《ともんこう》が流れている。中国の吉林省延辺朝鮮族自治州側から見ると、北朝鮮側の兵士や農民の姿が確認できる。図們江に架けられた橋の中には、「断橋」（折れた橋）と呼ばれる途中で破壊された橋が残されている（写真5－1－1）。八月一二日未明、関東軍が満洲から北朝鮮方面へ逃げる際、ソ連軍の追跡を防ぐために自ら橋を爆破したのである。

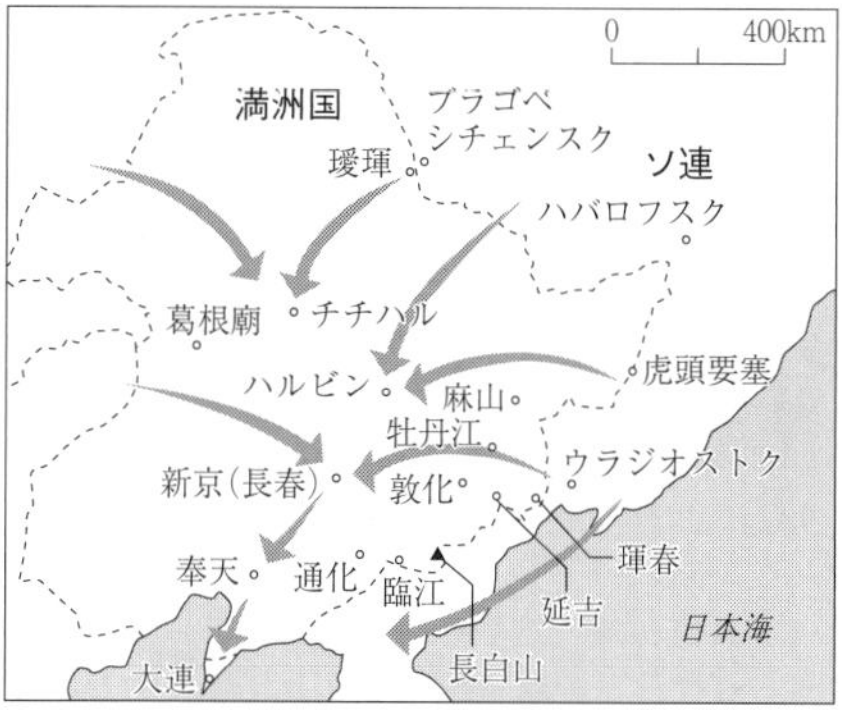

図 5-1-1　ソ連軍の満洲への侵攻

本来、満洲開拓団員を保護すべき関東軍は、開拓団員を置き去りにしたまま退却していった。無防備の開拓団員は、ソ連軍の攻撃を避けながら、決死の逃避行をおこなった。その過程で、餓死、病死、虐殺、集団自決などの悲劇に見舞われた。

周辺の中国人の中には、自分たちの土地を奪った日本人に敵意を抱いている者も少なくなく、ソ連・満洲国境から遠ざかるための交通手段はなかった。そのため、夜間、ソ連兵や中国人の目を避けて、歩

写真 5-1-1　図們江に架かる「折れた橋」（穏城大橋）　手前が中国側、対岸は北朝鮮（筆者撮影）

いて逃げざるを得なかった。

満洲開拓団には召集はないとされていたが、戦況が悪化するにつれ、開拓団の成人男子も召集されるようになっていた。その結果、残されたのは団員の妻、年老いた両親、そして子どもたちであった。ソ連軍の侵攻や現地の人びとからの襲撃を恐れた開拓団員は、逃避行の過程で肉体的にも精神的にも追い詰められていった。

しだいに「足手まとい」となった幼児や高齢者を現地に残さざるを得なくなったり、「幼児の泣き声で、敵に見つかってしまう」と批判された母親が、自らの手で幼児の命を絶つような悲劇も起こった。また、これ以上の逃避行は無理だとして、病人や高齢者のなかには自ら命を絶った者もいた。そして、集団自決した開拓団も少なくなかった。

†麻山事件

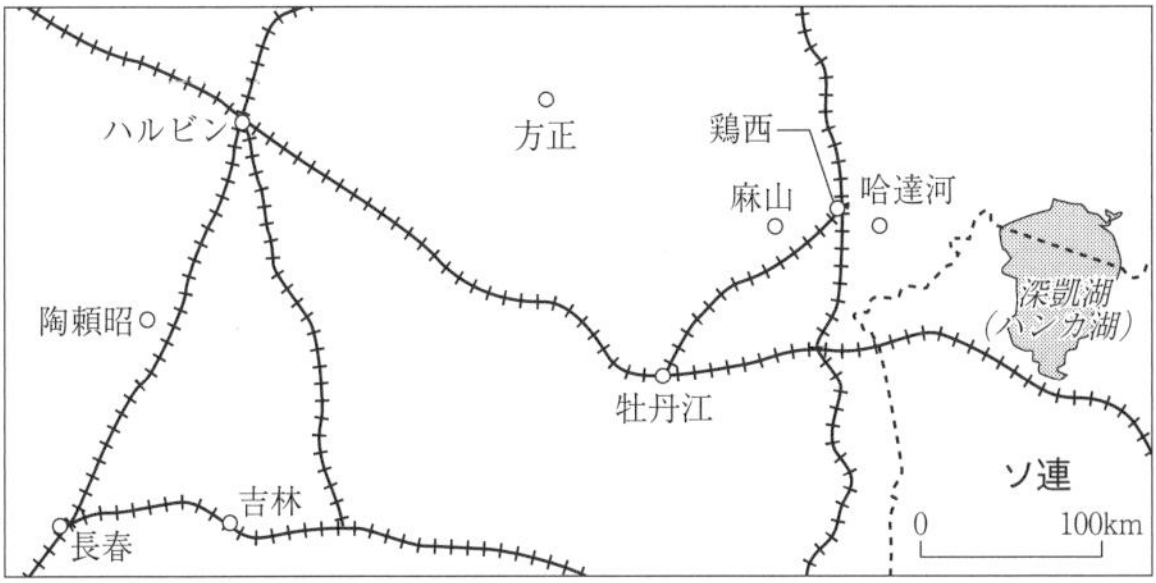

図 5-1-2　鶏西市の哈達河と麻山

旧満洲の黒竜江省の省都ハルビンの東に隣接する都市が、鉄道交通の要衝である牡丹江《ぼたんこう》である。その牡丹江市の北東約一〇〇キロメートルに、ソ連と国境を接する鶏西市の中心部がある（図5-1-2）。現在の鶏西市鶏東県に哈達河《こうたつが》と呼ばれる地区があり（中国では市の中に県が属している）、かつてそこには、一三〇〇人の満洲開拓団員が入植していた。哈達河からソ連国境まではわずか四〇キロメートルあまりである。

当時、成年男子も徴兵されたため、ソ連侵攻時に残されていたのは、女性、子ども、高齢者がほとんどであった。八月九日のソ連の侵攻を受けて、哈達河開拓団員は避難したものの、難航をきわめた。

八月一二日、哈達河から西へ約五〇キロメートルに位置する鶏西市の麻山地区まで移動した開拓団員四〇〇人あまりは、これ以上の逃避行は困難であると判断し、ここで集

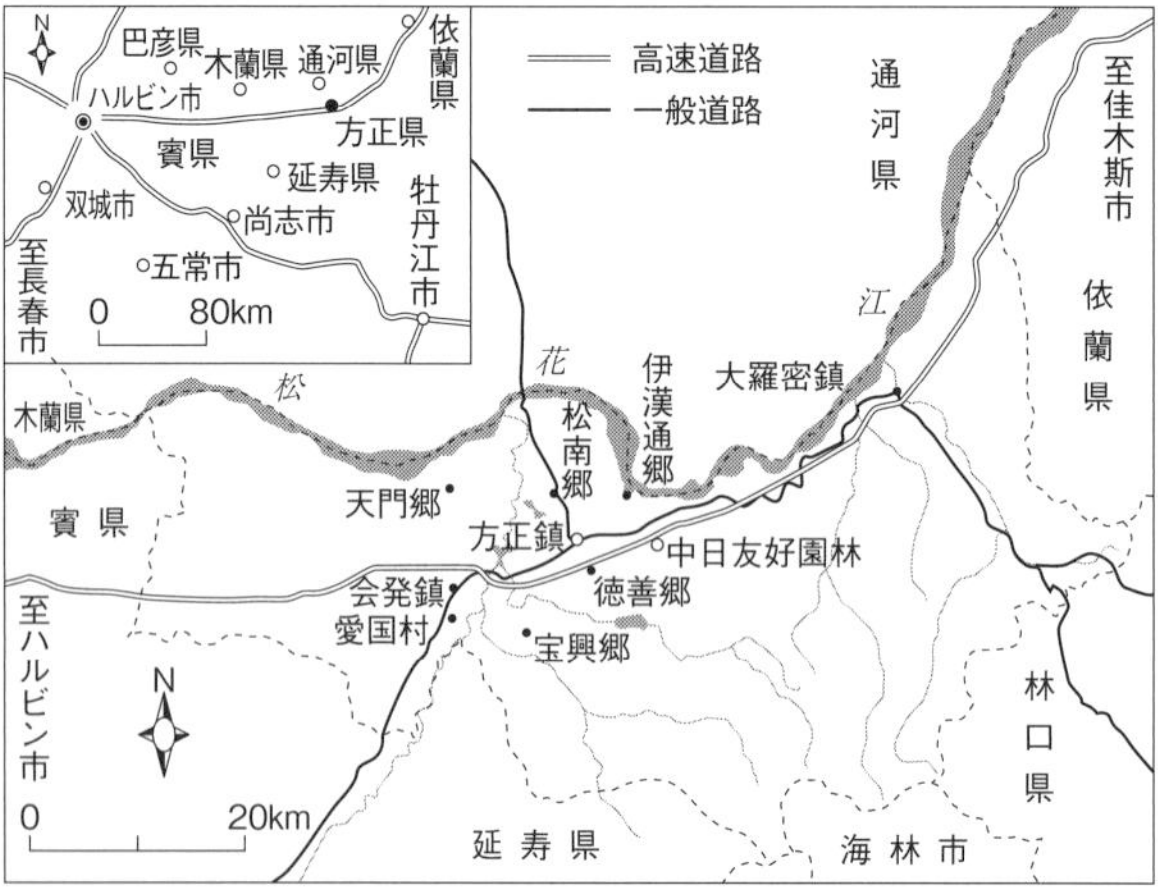

図 5-1-3　ハルビン市方正県（山下編　2015 より作成）

団自決した。これが麻山事件である（中村一九八三）。

日本人公墓と中国養父母公墓

ハルビンの中心から東へ約一七〇キロメートルのところにハルビン市方正県《ほうまさ》がある（図5－1－3）。満洲国時代、方正県には四つの満洲開拓団があり、四五六戸、二一一四人が入植していた。ソ連軍の侵攻により、他の地域の多くの満洲開拓団員も、方正県を経由して、ハルビン中心部へ向かおうとした。方正県には、関東軍の食糧補給基地があり、またハルビンへの通過点であったからである。方正県に避難してきた約一万五〇〇〇人の満洲開拓団員のうち、飢え、寒さ、疲労、伝染病などで約五〇〇〇人が死亡した。取り残された幼児、婦女など約五〇〇〇人は、終戦後も日本へ帰ることができず、方正県に留まることになったという。

残された婦女の多くは中国人と結婚し、身寄りのない幼児は中国人の家庭に引き取られ、いわゆる中国残留婦人・残留孤児となった。総称して中国残留日本人といわれるが、敗戦当時、一三歳以上を中国残留婦人、一二歳以下を中国残留孤児という。

文化大革命期には、中国残留日本人は「東洋鬼子」と呼ばれ差別、虐待を受けた者も多かった。このような満洲開拓団員の悲惨な状況については、山崎豊子『大地の子』（文藝春秋、一九九一年）でも描かれている。

一九七二年の日中国交正常化の翌年から、中国残留日本人とその家族の日本帰国事業が始まった。方正県は、帰国する中国残留日本人とその家族がもっとも多く、日本で生活する方正県出身者は三万八〇〇〇人（二〇一一年）と推定された（山下 二〇一六）。

方正県の中心地、方正鎮の郊外に、方正地区日本人公墓がある。犠牲になった大勢の満洲開拓団員も日本軍国主義の被害者であるとして、一九六三年、周恩来首相の特別の許可を得て建設されたものである。ここには、収集された開拓団員の遺骨が納められている。

一九九五年には、方正地区日本人公墓とその周辺は、中日友好園林と改称された（写真

写真5-1-2　方正県の中日友好園林（入り口）と方正地区日本人公墓　墓石には「一九四五年亡故　一九六三年五月立」とある（筆者撮影）

5-1-2）。

方正地区日本人公墓の左隣には、麻山地区日本人公墓がある（写真5-1-3）。前述した麻山で集団自決した哈達河開拓団員の遺骨を集めて、一九八四年にここに墓が建てられたのである。

方正地区日本人公墓および麻山地区日本人公墓の近くには、中国養父母公墓が二〇〇四年に設立された。反日的な厳しい環境のなかで、日本人残留孤児を育ててくれた中国人養父母への感謝の思いが伝わってくる。

†売国奴と批判された方正県

満洲開拓団の主要な入植地の一つであった方正県は中国残留日本人も多かった。前述したように一九七二年の日中国交正常化の翌年から、中国残留日本人の日本帰国事業が始まり、方正県からも多くの残留日本人とその家族が日本へ帰国した。日本に帰国した中国残留日本人から中国の家族や親類への送金も増加していった。方正県の中心部の方正鎮のメインストリートである中央大街には、海外送金を取り扱う銀行の支店が多数立地している。

方正県と日本との交流は深まっていった。私が方正県の中心街を歩いていると、「日本の方？　私も日本に住んでいて、方正に墓参りで帰ってきたの」と元残留日本人の方から日本語で声をかけられた。食事や買い物で店に入ると、「私の親類も、今、日本で働いています。私も日本に行って働きたいので、日本語を勉強中です」というような人たちに多数出会った。

写真5-1-3　中日友好園林内の麻山地区日本人公墓　墓石には「一九四五年八月十六日亡故　一九八四年十月十八日立」とある（筆者撮影）

方正県の行政側も日本との深い関係を重視してきた。方正鎮のメインストリートにある店舗の看板には、中国語とともに日本語を併記することが義務づけられた（写真5-1-4）。そこには、多くの日本人に方正県に来てもらい、日本企業にも方正県へ投資してほ

写真5-1-4　方正鎮の商店の看板に併記された日本語　「百姓低価ズボン屋」「けはテひん」（化粧品のこと）のようにユニークな日本語がみられる（筆者撮影）

しいという期待があった。

ところが、二〇一〇年九月、尖閣諸島沖で中国漁船が日本の巡視船に体当たりする事件が発生した。これにより日中関係は悪化し、中国各地で反日デモが起こった。

このような状況のなかで、翌二〇一一年七月末、方正県の中日友好園林の方正地区日本人公墓の傍に、方正県政府が七〇万元（当時、約八四〇万円）をかけて、新しく満洲開拓団員の慰霊碑（日本開拓団民亡者名録）を建立した。慰霊碑には、身元が判明した約二五〇人の満洲開拓団員の氏名が刻まれた。

この満洲開拓団員の慰霊碑建設が中国国内で報道されると、一部メディアやインターネット上では、「なぜ侵略者の慰霊碑を建てるのか」といった多くの批判が出て、建立した方正県政府は親日的だ、売国奴だと攻撃されるようになった。

このようなか、反日活動家五名が、建立されたばかりの慰霊碑に赤いペンキをかけ、ハンマーで一部を砕くという事態が起こった。この動画がインターネットにアップロードされると、行動を起こした五人は英雄扱いされた。慰霊碑建立から一〇日あまりで、方正県政府はこの慰霊碑を自ら撤去してしまったのである。

この事件により、マスコミ関係者をはじめ方正県への日本人の訪問は、当局により厳しく監視されるようになった。私は二〇一一年八月に方正県を再訪する予定であったが、やむを得ず中止せざるをえなかった。翌二〇一二年夏、中日友好園林を再訪した際には、写真撮影不可という条件で、中日友好園林の内部に入ることができた。

方正地区日本人公墓の背後に建てられたはずの満洲開拓団員の慰霊碑は、影も形もなかった。わずかに、慰霊碑があった地面の土が周囲より硬いことに気がついた。ふと、二〇一一年に浙江省温州市で起こった高速鉄道の衝突・脱線事故で、事故車両が穴を掘って埋められそうになったことを思い出した（山下 二〇一六）。

†ソ連兵へ差し出された満洲開拓団の娘たち

国から見捨てられた満洲開拓団の一部は、前述したように侵攻したソ連軍や暴徒化した中国人に襲われ、集団自決に追い込まれた。このような悲劇に加え、あまり公にされなかった事実もある。「ソ連兵へ差し出された満洲開拓団の娘たち」もいたのである。

二〇一七年八月、NHKはETV特集『告白――満蒙開拓団の女たち』を放送した。幾度か旧満洲（中国東北地方）を訪れていた私だったが、その放送内容については知らないことばかりであった。同番組の案内には、次のように紹介されている。

終戦後の旧満州。命を守るため、ソ連兵の接待を若い女性にさせた開拓団があった。戦後長く語られなかった、開拓団の女性たちの告白。その歴史に向き合う人々を見つめる。

戦前、岐阜県の山間地から、旧満州（中国東北部）・陶頼昭〔引用者注――前出の図5-1-2参照〕に入植した六五〇人の黒川開拓団。終戦直後、現地の住民からの襲撃に遭い、集団自決寸前まで追い込まれた。

その時、開拓団が頼ったのは、侵攻してきたソビエト兵。彼らに護衛してもらうかわりに、一五人の未婚女性がソ連兵らを接待した。

戦後七〇年が過ぎ、打ち明けることがためらわれてきた事実を公表した当事者たち。その重い事実を残された人々はどう受け止めるのか。

さらに二〇二一年、第一九回開高健ノンフィクション賞に選定されたのは、平井美帆『ソ連兵へ差し出された娘たち』であった。この賞は、作家の開高健を記念して創られた賞で、主催は集英社、ノンフィクション作家の登竜門的な賞である。前述のNHKテレビの特集番組や書籍（平井 二〇二二、川恵ほか 二〇二〇）は、満洲開拓団員がいかにして悲劇的な状況に追い込まれていったのかを詳細に伝えている。このような史実に目を背けることなく、きちんと伝えていかなければならないだろう。

†中国残留孤児の帰国

二〇一二年夏、ハルビン市方正県を訪れた際、「私は日本人残留孤児です」という女性Aさん（当時七七歳）に出会い、話を聞いた。

一九四五年、戦争が終わったとき、Aさんは四歳だったらしい。といっても、Aさん自身、自分の正確な誕生日を知らない。「父は私に対してあまりやさしくなかった。しばらくして、妹が誕生して以降、妹がとてもかわいがられたのに対し、父の私への接し方はさらに厳しくなった。妹がいい服を着せてもらっているのに、私はボロボロの服で、冬はとても寒かった」という。

一九九五年、Aさんがけがをして病院に入院しているとき、五〇歳くらいの男の人が見舞いに来て、「あなたは日本人ですよ」と言って帰ったという。Aさん自身はその人に直接会えなかったが、その話を聞いてびっくりし、それから多くの人に尋ねると、やはり自分が日本人の子どもであったことがわかった。

Aさんが集めた情報によれば、終戦直後の混乱期、Aさんの実母は、ある中国人に対して、「この子を助けてください」と頼んだという。自分自身は助からないかもしれないが、この子だけは何とか生き延びてほしいという、母親の思いであったのだろう。その際、Aさんの実母は和服を破って、その布に何かを書いて渡したという。その布は、Aさんが日本人であることを証明する貴重な証拠となるものであった。おそらく氏名、生年月日などであったろう。しかし、一九六六年頃から始まった文化大革命の際(当時、日本人の子どもを育てた養父母は紅衛兵などから厳しく批判された)、養父母がその貴重な証拠を処分してしまったことを、後になって知ったのだった。

自分が日本人だと知ってから、Aさんは「自分の祖国、日本に帰りたい。本当の両親に会いたい」と強く思うようになった。一九八一年、厚生省(二〇〇一年より厚生労働省)の担当で中国残留孤児の訪日調査が開始された。Aさんも、ハルビンで実施された日本当局による中国残留孤児調査を受けに行った。しかし、残留孤児であるという証拠がないため認定してもらえなかった。その後も、Aさんは自分が中国残留孤児である認定を願い出たが、日本当局からは、一度不認定になった場合、新たな証拠がないかぎり中国残留孤児として認定することは難しいと説明されたという。

一方、中国残留孤児であることを認められた人もいる。一九三四（昭和九）年、長野県で生まれたBさんは、満洲開拓団員の家族として満洲に渡った。一九四五年の終戦時の混乱のなかで、Bさんは中国残留孤児となった。中国人の養女となったが、養父母の生活は困窮しており、一四歳のとき、別の中国人家庭に引き取られたという。

しかし、前述のAさんとは異なり、Bさんは日本当局からすみやかに中国残留孤児と認められ、子どもたちを連れて一九八四年に帰国できた。中国残留孤児として認定されるためには、それを証明できる資料等が必要である。彼女は、日本語は完全に忘れてしまっていたが、自分の氏名、生年月日、本籍、父母の氏名だけは、日本語で話すことができた。なぜなら、旧満洲に渡って以後、万一、家族と離れ離れになることを心配した両親はBさんに対して、食事の前に必ず上記の内容を間違いなく言えるように暗記させていたからである。

帰国後、Bさんとその子ども一家は、いったん本籍の長野県に住んだ。その後、同じ中国残留孤児の家族が多く住む千葉市美浜区の公営団地のことを知り、一家でそこへ引っ越した。

帰国後も、中国残留孤児や在留中国人との中国語での交流が中心で、Bさんは日本語をほとんど話せないままである。それなのに、自分の氏名、生年月日、日本の本籍、父母の氏名だけは、完璧な日本語ですらすら話すBさんを見ていると、あらためてBさんへのご両親の強い愛情がよみがえってくるようであった。

†満洲から引き揚げた開拓団員のその後

満洲開拓団員の多くは、農家の後を継ぐ長男ではなく、次男、三男などであった。やっとの思いで故郷に戻ったものの、終戦直後の混乱した状況では、彼らの居場所はほとんどなかった。なかには、故郷を離れて日本国内で新天地を求めていく者、さらにはブラジルなど南アメリカへ移住する者もいた。

終戦直後の敗戦国日本の最大の課題は、失業対策と食糧増産であった。そこで、農林省（現在の農林水産省の前身）は国内に新たな開拓可能な土地を選定し、満洲開拓経験者をそこに入植させる計画を立てた。このような戦後開拓地は、砂丘地、台地の上、高冷地、北海道の原野など、農業条件に恵まれず、これまで見放されてきたような土地であった。

全国各地に形成された戦後開拓地の中には、帰国した満洲開拓団員が刻苦奮闘した結果、キャベツ、レタスなどの高原野菜の名産地や、大規模な酪農地帯に発展したところもある。

二〇二二年日本民間放送連盟賞最優秀賞（テレビ教養番組部門）に輝いた山形放送制作の『三つめの庄内〜余計者たちの夢の国〜』は、そうした帰国後の元満洲開拓団員の苦闘を伝える、すぐれたドキュメンタリー番組である。

山形県の日本海沿岸地域で、鶴岡と酒田がある庄内地方。一九三〇年代、不景気と凶作にあえいでいた農家の次男や三男らは、満洲開拓団として満洲に「第二の庄内」を作ろうと渡っていった。しかし、敗戦ですべてを失い、ソ連軍からの悲惨な逃避行を経て、やっとの思いで日本に帰ってくる。

故郷にも居場所がなく、「余計者」であった彼らは、ふたたび新天地を求めて北海道北部の泥炭地が多く農業には適さない宗谷地方へ、あるいは冷害がたびたび起こる青森県の六ヶ所村へと移住し、過酷な開拓を経て酪農に活路を見いだした。彼らはこうして、山形の生まれ故郷の庄内から、満州の第二の庄内へ、そして六ヶ所村と宗谷に「三つめの庄内」を求めて移住し、刻苦奮闘の末、やっと自分たちの故郷を見つけたのである。

†著名人の満洲引き揚げ者

著名人のなかにも、満洲引き揚げ者が少なくない。読者の中には、「満洲なんて自分とは関係ない」と思っている方も多いかもしれないが、「あの人も満洲引き揚げ者だったのか」と知れば、満洲をもう少し身近に感じられるのではないだろうか。

森繁久彌《もりしげひさや》（一九一三―二〇〇九）は、俳優、声優、歌手であり、作詞・作曲もおこなう非常に多彩な能力をもっていた。

一九三九年、NHKのアナウンサー試験に合格した後、満洲国の首都、新京（現在の長春）の満洲電信電話の中央放送局に赴任した。アナウンサー業務のほかに満洲映画協会制作の映画のナレーションなども手掛け、満映理事長だった甘粕正彦とも交流があったという。

満洲時代には、ソ連軍に対する謀略放送も担当していた。一九四五年、敗戦を新京で迎え、ソ連軍に連行されるなどしたあと、一九四六年に妻子を連れて命からがら帰国した。翌一九四七年に映画俳優となり、ラジオ・テレビなどに多数出演、人気俳優となったほか、自ら作詞・作曲した「知床旅情」（一九六〇年発表）は、その後、加藤登紀子が歌い、都会に出てきた若者たちの望郷の念を駆り立て、一九七〇年代に大ヒットした。

その加藤登紀子も満洲からの引き揚げ者である。加藤は一九四三年、ハルビンで生まれた。京都生まれの加藤登紀子の父は、ハルピン学院を経て関東軍特務機関や南満洲鉄道に勤務した。

写真 5-1-5　ハルビンを流れる松花江（スンガリ川）（筆者撮影）

終戦後、加藤の父は召集されたまま帰らず、ハルビンに残された母が三人の子どもを連れて、命からがら日本へ引き揚げてきた。まだ三歳にならない末っ子の登紀子に対して、母は「自分で歩きなさい、そうしないと死ぬのよ」と叱咤したという。

遅れて無事帰国した加藤の父は、一九五七年、東京の新橋にロシア料理店「スンガリー」を開業した。スンガリー（日本の高校地図帳では「スンガリ川」と表記）は満洲を流れるアムール川最大の支流で、松花江のロシア語名である（写真5-1-5）。その後、店を新宿に移転し、二店を経営して現在に至る。

一九一七年のロシア革命後、成立したソビエト政権に反対して国外に亡命した人たちは、白系ロシア人と呼ばれた。「白系」というのは共産主義の「赤」に対する「白」という意味で、ロシア革命に反対して国外に逃れたロシア人（白人に限らず）をさす。満洲にもそのような白系ロシア人が移り住んでいた。加藤の父はシベリア抑留を免れたが、満鉄時代の部下とその白系ロシア人の妻などは、日本に引き揚げ後も生活に困窮しており、加藤の父は彼らを従業員に採用したという。

加藤登紀子は東京大学文学部西洋史学科在学中に、日本アマチュアシャンソンコンクールで優勝した。卒業後、歌手となり、「赤い風船」で日本レコード大賞新人賞を受賞、一九八七年には「百万本のバラ」が大ヒットした。この曲はもともと、バルト三国の一つであるラトビアの作曲家がつくった子守歌で、それにロシアの詩人がグルジア（現在のジョージア）の画家のロマンスをもとに詞をつけ、ロシア語のラブソングとしてヒットしたものであった。グルジア、ロシアを渡ってきた「百万本のバラ」は、満洲のハルビン生まれの加藤登紀子に歌われ、現在でも歌い継がれている（加藤 二〇二二）。

そのほか、満洲から引き揚げた著名人として、小澤征爾《おざわせいじ》を挙げることができる。小澤征爾は一九三五（昭和一〇）年、満洲の奉天（現在の瀋陽）で生まれた。満洲事変の首謀者である板垣征四郎《いたがきせいしろう》（関東軍高級参謀）と石原莞爾《いしわらかんじ》（関東軍作戦主任参謀）から一字ずつとって、「征爾」と命名されたという。一九四一年、父を満洲に残して、母とともに帰国した。桐朋学園短期大学（現在の桐朋学園大学音楽学部）で音楽を学び、のちに世界的な指揮者となっていった。

また、「ムツゴロウさん」の愛称で親しまれた作家、畑正憲《はたまさのり》（二〇二三年死去）も、いわゆる「引き揚げ」とは異なるものの満洲で少年期を過ごした人物である。一九三五年、福岡市で生まれた畑は、医師であった父に連れられて満洲に渡り、終戦前に帰国した。東京大学で動物学を学び、北海道で「ムツゴロウ動物王国」を開園、そのユニークな人物像で広く親しまれた。

満洲から帰った人びとは、いずれも満洲での生活がその後の生き方に大きな影響を与えているようである。

2 勝者が裁く軍事裁判

†シンガポールの日本軍降伏の日

一九四三（昭和一八）年九月にイタリアが、そして一九四五年五月にはドイツも連合国に無条件降伏した。同じ年の七月、ベルリン郊外のポツダムでアメリカのトルーマン、イギリスのチャーチル、中国の蔣介石、ソ連のスターリンの連合国首脳が討議した。日本への対応と戦後処理が課題であった。七月二六日、アメリカ・イギリス・中国は、日本に対する無条件降伏を勧告するポツダム宣言を発表した。

日本政府は八月一四日にポツダム宣言の受諾を決定し、翌一五日正午、天皇による玉音放送で国民に発表した。一九三一（昭和六）年の満洲事変から、一九三七年の日中戦争、一九四一年の太平洋戦争を経て足掛け一五年のアジア・太平洋戦争は、日本の敗戦で終わった。

一九四五年九月二日、東京湾に停泊中のアメリカ戦艦ミズーリ号上で、降伏文書の署名がおこなわれた。アメリカ・イギリス・フランス・オランダ・中華民国・カナダ・ソ連・オーストラリア・ニュージーランドの連合国代表、そして日本側から外務大臣重光葵《しげみつまもる》と大本営代表の梅津《うめづ》美治郎《よしじろう》が調印し、日本の降伏を受け入れた。

日本では一九四五年八月一五日が「終戦の日」となっているが、国際的には九月二日が第二次世界大戦が終わった日とされている。

連合国の一員だった中国は、日本政府が降伏文書に調印した九月二日の翌三日を対日戦勝記念日とした。台湾では、一九五五年、対日戦勝記念日を軍人節（軍人の日）に改称した。一九四九年一〇月一日に成立した中華人民共和国も、九月三日を中国人民抗日戦争勝利記念日としている。

写真 5-2-1　1945 年 9 月 12 日、シンガポールの市庁舎で行われた日本軍の降伏調印式（チャンギ刑務所礼拝堂・博物館の展示写真を筆者撮影）

韓国では、八月一五日を光復節に定め、日本による植民地支配からの解放を祝う日として祝日となっている。北朝鮮でも八月一五日が解放記念日の祝日とされている。

シンガポールでは、一九四五年九月一二

日に、シンガポールの市庁舎で日本軍降伏調印式がおこなわれた（写真5－2－1）。一九四二年二月一五日に始まった日本軍によるシンガポール占領は、一九四五年九月一二日に終わったとされている。

†極東軍事裁判

戦争が終わると、戦争犯罪人に対する裁判が開かれる。軍事裁判である。これらの軍事裁判は、戦勝国側によっておこなわれる。連合国によって、ドイツと日本の戦争犯罪者に対する国際軍事裁判が開かれた。従来の軍事裁判とは異なり、戦争犯罪者だけでなく、平和や人道に対する罪という新しい犯罪概念でも審判がおこなわれた。

戦争犯罪人は、罪の種類によって、A級、B級、C級の三つに分けられる。A級戦犯は、侵略戦争を計画・準備・遂行し、共同謀議をおこない「平和に対する罪」を犯した者が対象となった。B級戦犯は、戦闘法規や慣例に違反して殺人、虐待、略奪など通例の戦争犯罪を犯した者、C級戦犯は、人道に反して殺人、虐殺、奴隷化などを犯した者が対象となった。

連合国がドイツの戦争責任者を裁くためにおこなった国際軍事裁判は、ドイツ南部のバイエルン州にあるニュルンベルクでおこなわれたためにニュルンベルク裁判ともいわれる。

一方、日本に対する連合国の極東国際軍事裁判は、一九四六年五月から東京で開廷されたため、東京裁判ともいわれる。東京裁判ではA級戦犯のみが扱われ、戦争を指導した軍人や政治家など二八人が起訴された。二年半の審議の結果、一九四八年一一月に下された判決では、裁判中死亡した被告などを除く二五人全員が有罪となった。

このうち、以下の七名は、同年一二月二三日、東京の巣鴨拘置所（通称、巣鴨プリズン）で絞首刑となった。巣鴨プリズンの跡地には、現在サンシャイン60が建っている。

東京裁判で有罪になった者のうち、東条英機は太平洋戦争開始の重要な責任をもつ参謀総長をはじめ、陸軍大臣、首相などを務めた人物であるが、そのほかは中国侵略に関しての罪を問われた者が多い。一九三七年一二月、日本軍が南京を占領し、中国に多大な被害を与えた南京事件の責任を問われたのは、当時の外相であった広田弘毅および中支那方面軍司令官の松井《まつい》石根《いわね》であった。広田は東京裁判で処刑された唯一の文官であった。関東軍高級参謀として石原莞爾とともに満洲事変を決行した板垣征四郎、満洲国の建国および華北分離工作で中心的な役割を果たした土肥原賢二《どいはらけんじ》、ビルマ方面軍司令官の木村兵太郎もA級戦犯となった。そして武藤章（最終階級は陸軍中将）は、太平洋戦争が始まった時期に陸軍軍務局長であり、フィリピンやスマトラにおける日本軍による虐待や虐殺事件の責任が問われた。軍人で中将の階級だったのは武藤だけであった。

†BC級戦犯

前述したように、B級戦犯は捕虜の虐待など通例の戦争犯罪、C級戦犯は一般の国民に対する非人道的行為などを対象とした。B級戦犯およびC級戦犯は、まとめてBC級戦犯と呼ばれた。

これらBC級戦犯の裁判は、アメリカ、イギリス、オーストラリア、オランダ、フランス、中国、フィリピンの連合国側七か国が主宰して、中国、フィリピン、シンガポール、ビルマなどでおこなわれた。日本国内でも唯一、横浜で開設された。

BC級戦犯として被告となった日本人は約五七〇〇人で、うち死刑判決が出たのは九八四人、死刑が執行されたのは九二〇人とも九三四人ともいわれている。

中国では、満洲国や日中戦争などに関与した日本人が、遼寧省撫順などの戦犯管理所に収容された。一九五〇年代、戦争犯罪人とされた一五二六名は、戦犯管理所で五年間、思想改造を受け、自らの罪行を心から謝罪するようになったという。日本人収容者は当初反抗的であった態度を徐々に改め、加害事実を認めるようになり、中国当局は認罪した日本人戦犯を一人の死刑・無期刑もなく釈放し帰国させた。これは「撫順の奇蹟」と呼ばれるようになった。

†シンガポールの日本軍降伏と日本人墓地

一九四五年九月五日、日本軍によるシンガポール占領以降初めて、イギリス軍がシンガポールに再上陸した。前述したように九月一二日には、シンガポール市庁舎で日本軍の降伏文書調印式が行われた。日本軍の降伏を見ようと集まったシンガポール人群衆の中から、出席した日本軍要人に対して、占領時代に日本兵からたびたび怒鳴られて覚えた日本語、「バカヤロー」のヤジが多く飛び交ったという。

東南アジア連合軍（SEAC）最高司令官、ルイス・マウントバッテン卿の前で、日本軍側からは南方軍総司令官・寺内寿一《てらうちひさいち》大将が病気のため、南方軍隷下でシンガポール方面の作戦・防衛を担当した第七方面軍司令官・板垣征四郎大将が代理で降伏文書に署名した。前述したように、その後板垣は東京の極東国際軍事裁判でA級戦犯として死刑判決を受け、処刑された。

写真5-2-2　シンガポール日本人墓地の寺内寿一の墓（左）とひのもと地蔵尊　寺内の墓石には「南方軍総司令官　寺内元帥之墓」と書かれている（筆者撮影）

シンガポールの日本人墓地（正式名称はシンガポール日本人墓地公園）には、「南方軍総司令官寺内元帥之墓」が設けられている。そこにある説明板には、次のような内容が書かれてある。

> 寺内元帥は、一九四五（昭和二〇）年敗戦の年、サイゴン郊外で病にたおれ、イギリス軍のマウントバッテン将軍の配慮で、ジョホール州レンガムのヒギンス氏別邸にて療養。そのため、日本軍の降伏調印式に参加できず、脳溢血で死去した。

シンガポールの日本人墓地には、ロシアからの帰国途上にシンガポールで客死した二葉亭四迷の墓があることがよく知られている。また、貧困のため海外出稼ぎに出て売春婦などとなった「からゆきさん」の小さな墓石が多数見られる。

私が注目したのは、「ひのもと地蔵尊」である（写真5-2-2）。その説明板の内容を紹介しよう。

一九四五年八月太平洋戦争が終わると、シンガポールに在住していた日本人（約八〇〇〇人）は、ジュロンにキャンプを作って避難し、日本への帰還船を待った。第一次、第二次帰還船が去ったあと、残された婦人たちの不安と不満はつのり、野菜不足などから病人や病死者が相次ぎ、自ら命を絶つ人さえ出た。ジュロン・キャンプで死んだ人は四一名を数えた。後年、その人たちの冥福を祈るため、カトンにあった日本料亭の女将・今井小静が発起人となり、日本人墓地の入口に「ひのもと地蔵」が建てられた、この地蔵にはシンガポールに住む日本人女性の安産とその子供を見守るという願いも込められている。

日本軍占領地には、日本人兵士だけでなく、日本の民間人、婦女子もいたことを忘れてはならない。

†シンガポールの軍事裁判

シンガポールとマレーシア各地でも、一九四六年二月から軍事裁判が始まった。連合軍捕虜への虐待、一般人の拷問と虐殺、強制労働などが審理の対象となった。最大の焦点は、第3章で論じた華人の大検証であった。一九四七年三月、イギリス軍シンガポール裁判では、近衛師団長・西村琢磨中将、昭南警備隊長・河村参郎中将、および第二野戦憲兵隊長・大石正幸中佐ら五人の憲兵隊の将校が起訴された。起訴理由は、被告人は一般住民の生命と安全に責任ある立場にありながら、シンガポールの多数の華人の殺害に関与し、戦争法規と慣習に違反したというものであった。

なお、シンガポール占領直後、華人大検証が実施された際の日本軍の最高司令官は、第二五軍司令官・山下奉文中将であった。山下はフィリピンの第一四方面軍司令官として敗戦を迎え、マニラの軍事裁判では、マニラやパラワン島での虐殺などの責任を問われた。山下は死刑判決を受け、一九四六年二月、絞首刑が執行された。

シンガポールでの軍事裁判の結果、被告人七人のうち、河村警備隊長と大石憲兵隊長の二人が絞首刑、他の五人は終身刑となった。終身刑となった五人のうち、西村中将はオーストラリア兵殺害の罪で、オーストラリアで死刑の判決を受け、残りの四人は一九五一年、東京・巣鴨拘置所に送られ、数年後に釈放された。

華人の大検証に対するこれらの判決に対し、もっと厳しい判決を期待していたシンガポールの華人は不満を抱いた。この不満が、後述する血債問題につながっていくのである。

3　シンガポールの血債問題

†虐殺された華人の遺骨発見

第3章でも取り上げたように、シンガポール占領後に行われた現地の華人への大検証によって、シンガポール側の主張では五万人とも、日本側の主張では五〇〇〇〜六〇〇〇人ともいわれる華人が虐殺された。戦争が終わっても、家族、親類を虐殺された華人の反日感情が衰えることはなかった。

大検証の実施から約二〇年が過ぎた一九六一年暮れ、シンガポールのイーストコースト（東海岸）の工事現場から、日本軍によって虐殺された華人犠牲者の遺骨が多数発見された。これをきっかけに、シンガポール華人団体の中心組織、シンガポール中華総商会は、「日本占領時期死難人民遺骸善後委員会」を組織して、シンガポール各地で華人犠牲者の遺骨発掘調査を実施、その結果として大量の遺骨が収集された。

これを機にシンガポールでは、日本に対して賠償を求める運動が起きた。シンガポール中華総商会は、虐殺された華人に対する償いを求め、民族の血をめぐる「血債問題」として、シンガポール政府に対しても日本への賠償請求を強く要望した。

しかし、一九五一年開催のサンフランシスコ講和会議で締結された第二次世界大戦の連合国と日本の講和条約であるサンフランシスコ平和条約では、日本に対する占領の終結と主権回復が認められ、シンガポールの植民地宗主国であるイギリスは、日本への賠償権を放棄していた。このため、日本政府は華人大虐殺の賠償に対して否定的であった。

一九六三年八月には、日本軍の戦争犯罪への賠償を求める大規模な反日デモが、シンガポールで起こった。翌九月には、マラヤ連邦とイギリス領シンガポール・サラワク・サバが合体してマレーシア連邦が成立、シンガポールはマレーシア連邦の一州となり、イギリスから独立した。しかし、総人口の四分の三を華人が占めるシンガポールでは、マレー人を優遇する政治方針に不満が高まり、連邦結成からわずか二年足らずでマレーシア連邦から分離独立することになった。分離独立した一九六五年八月九日は、シンガポールの独立記念日となっている。

シンガポールのリー・クアンユー首相にとっては、淡路島と同じくらいの国土面積のシンガポールが、国家として存続していけるかどうかの瀬戸際に追い込まれた。このような時期に、日本軍の戦争犯罪への賠償を求める大規模な反日運動が重なったのである。

シンガポールの国家存続のためには、輸入代替型から輸出指向型の経済へ転換するため、日本を含む海外からの発展途上のシンガポールへの投資が必要であった。このため、リー・クアンユー首相は、日本軍の戦争犯罪への賠償請求による関係悪化は抑えたいところであった。

†日本占領時期死難人民紀念碑の建立

シンガポールでは、日本軍の戦争犯罪への賠償を求める大規模な反日運動とともに、一九六三年三月には、「日本占領時期死難人民紀念碑募捐委員会」が結成され、慰霊のための記念碑建設の募金が始められた。記念碑の建設費用は、シンガポール中華総商会などが集めた募金二八万シンガポール・ドルと、シンガポール政府からの拠出金二〇・七万シンガポール・ドル、総額四八・七万シンガポール・ドルであった。日本政府からの支出はなかった。

一九六七年、「日本占領時期死難人民紀念碑」が、シンガポール中心部（現在の地下鉄、

写真5-3-1　日本占領時期死難人民紀念碑（左）とその台座（上）　台座には華語で「日本占領時期死難人民紀念碑　1942-1945」とある。同じ内容が英語、マレー語、タミル語でも記されている（筆者撮影）

シティ・ホール駅、エスプラネード駅近く）に建立された。日本占領時期死難人民紀念碑は、その名称のとおり、大検証で虐殺された人たちだけでなく、日本占領期に亡くなった人びとも含めて慰霊するものである。

シンガポールが日本軍に占領されてからちょうど二五年の一九六七年二月一五日、リー・クアンユー首相が出席し、紀念碑の除幕式が行われた。

日本占領時期死難人民紀念碑は、高さ六八メートルの四本の白い塔から構成されている。これら四本の柱は、多民族国家シンガポールを構成する華人、マレー人、インド人、そしてユーラシアンの結束を象徴している。台座の下には、発見された遺骨を集めた六〇五の甕《かめ》が収められている（写真5-3-1）。毎年二月一五日には、ここで追悼式がおこなわれるようになった。

†血債問題に対する日本側の対応

シンガポール占領中の華人虐殺に対する日本政府の償い、いわゆる「血債問題」は、一九六六年一〇月、日本が無償援助と円借款供与で、総額五〇〇〇万シンガポール・ドル（約六〇億円）を支払うことで合意した。

日本政府の対応としては、血債問題は終わったので、過去より未来を見て友好関係を進めていこう、ということのようである。その影響もあってか、多くの日本人はシンガポールの大検証について、ほとんど知らないままの状況が続いてきた。

一九九四年八月、シンガポールを訪問した村山富市首相は、日本占領時期死難人民紀念碑を訪れ献花した後、約一分間の黙禱をささげた。日本の首相として日本占領時期死難人民紀念碑を訪れたのは、村山首相が初めてであった。

二〇一七年二月一五日に日本占領時期死難人民紀念碑で開催された七五周年の追悼式には、篠田研次駐シンガポール大使が日本国代表として公式参加した。日本大使の追悼式への参加も、このときが初めてであった。

写真5-3-2　日本占領時期死難人民紀念碑に供えられた花輪（1979年2月15日、筆者撮影）

†シンガポールで迎えた二月一五日

一九七八年一一月からシンガポールに留学した私は、翌一九七九年二月一五日、日本占領時期死難人民紀念碑を訪れた。前述したように二月一五日は、シンガポールが日本軍に陥落した日であり、日本占領時期死難人民紀念碑では追悼式が開催される日であった。

私が到着したときには追悼式はすでに終わっており、紀念碑には一〇あまりの花輪が供えられていた。花輪に書かれた「日寇」（日本侵略者の意味）、「虐殺」などの文字を見て、私は大きな衝撃を受けた。なかでも「被日寇殺害三八週年紀念　勿忘家仇」という言葉からは、終戦から三四年経っても消えることのない、家族を日本軍に虐殺された人びとのつらさ、くやしさなどが伝わってきた（写真5-3-2）。「勿忘家仇」（仇を忘れるな）は、日本人として、あまりにも重い言葉であり、私は早くその場を立ち去りたい衝動にかられた。

シンガポールの華人は、一九四二年二月一五日、日本軍によりシンガポールが占領されてから、一九四五年九月一二日に日本軍が正式に降伏するまでの期間を「暗黒の三年八か月」（黒暗的三年零八個月）と呼ぶ。その言葉の重みを改めて突き付けられた。

4　戦争から何を学ぶか

†戦場には民間人がいる

本書では、一九三一年の満洲事変から一九四五年の日本軍の敗戦、そして中国残留日本人、軍事裁判、シベリア抑留、シンガポールにおける血債問題まで、アジア・太平洋戦争のさまざまな問題を取り上げてきた。その過程で、私が改めて感じたことなどをまとめてみたい。

まず、全体を通して思うことは、戦争というのは軍隊どうしの衝突だけではないということだ。戦闘が行われる場所、そこは多くの民間人が生活している場である。そのような場所が、あるとき突然、戦場と化す。家族はバラバラになり、家々は破壊され、それまでの生活は一変してしまう。さまざまな情報が飛び交い、何も信用できなくなる。そして、罪もない人びとが虐殺されたり、爆撃で死んでいく。それでも戦争は終わらず、継続していくのである。

戦争を伝える報道では、「勇敢なわが軍が有利に戦っている」というような戦況に関する情報が優先され、戦場で苦しんでいる民間人に関する報道はほとんどない。女性、老人、子どもの悲しみで泣き崩れる表情をみれば、何のための戦争なのか、一日も早くこのような悲惨な戦争は終わらせるべきだと、多くの人びとは考えるだろう。

アジア・太平洋戦争では「戦場の民間人」の視点が欠如していたのである。この点については現代を生きる私たちも、その例外ではない。アジア・太平洋戦争があたかも日本とアメリカだけの戦争であったかのようにとらえるような見方が端的に示しているように、先の戦争について私たちが語るとき、戦場で苦しむ民間人の視点というのは、抜け落ちてしまいがちである。しかし、それでは戦争の凄惨さや無意味さを具体的な体験に裏づけられた重みをもったかたちで語り継いでいくことは難しくなる。だからこそ日本人は、アジアの人びとが戦争をどう語り継いでいるかということに、もっと関心を向けなければならない。

†組織内の上下関係

軍隊組織の内部では、上部組織からの命令は全体的権力を有しており、下部組織はそれに反対することはできない。

一九四二年二月一五日、日本軍がシンガポールを占領した後、各部隊は華人を虐殺することを命令された。第3章で述べたように、この華人大量虐殺計画は、一九四一年一二月末頃に定められた華人に対する工作実施要領で、「服従を誓い協力を惜しまない者は生業を奪わず権益を認めるが、そうでない者に対しては生存を認めない」ことになっていた。

華人を集めて選別した大検証では、憲兵隊が需要な役割を果たした。現地の民間人からも「ケンペータイ」と日本語を用いて呼ばれ、恐れられる存在であった。シンガポールにおける華人虐殺に関する軍事裁判でも、憲兵隊は追及された。一方、憲兵隊に配属された日本兵にも言い分があるようだ。憲兵隊側は次のように述べている。

憲兵は憲兵学校において必ず国際法を始め多くの法律を学んでいる。したがって裁判や刑の執行については、軍司令官以下の幕僚よりはるかに専門家であった。だからこそ、華人〔原文は華僑〕粛清に初めから消極的であり、処刑には疑問をもっていたのである。しかしながら、命令によって刑の執行に当たったため、敗戦後、憲兵はこの事件の責任を負わされ戦犯の筆頭にされてしまった（全国憲友会連合会編纂委員会編 一九七六）。

たとえ自分の意に沿わないものであったとしても、いったん、組織の中に入ってしまうと、上からの命令に背くことは非常に困難である。これは軍隊内部の話に限らない。今日の会社、団体などの組織でも同様である。もし、上からの命令を拒否すれば、「そんなきれいごとが、社会に通用するか！」と一蹴されて、自らの居場所を失ってしまうだろう。それだけではない。いったん自分が手を汚してしまうと、今度は、自分がおこなった行為を正当化するようになり、部下に対して自分自身が言われたことと同じことを言って叱りつけるようになってしまうのである。

特に重要なのは、組織の上部にいる人たちの思考様式である。アジア・太平洋戦争の場合、大元帥である天皇のもとに設置された大本営のメンバーである首相や軍のトップが、最重要な決定を下した。彼らの認識が誤っていれば、多くの国民、海外の民間人の犠牲を伴うことになる。

適切な判断を下す際には、収集された情報は正しいものであるかどうかを見極める能力や判断力が必要になる。今日においては、国を動かす政治家や官僚の役割がきわめて重要である。彼/彼女らが過去の戦争に関してきちんと、正しく学んでおくことが強く求められていると言えよう。

†戦争に関する教育の重要性

何事でも、ある程度の基礎知識がないと、そもそも興味をもつことができず、避けてしまいがちである。中学、高校でアジア・太平洋戦争についての基礎知識を学んでいれば、二〇二二年二月に始まったソ連のウクライナ侵攻にも関心をもてるようになるはずである。ロシア側の主張が、アジア・太平洋戦争中の日本側の主張と共通する点が少なくないことにも気がつくかもしれない。一方、基礎知識がないと、一部のインターネットなどの偏った情報を信じ込んでしまうことにもなりかねない。

戦争に関する学校教育は、非常に重要である。高校の日本史や世界史の文部科学省検定済教科書（以下、教科書）をみると、以前のものに比べると、近年はかなり充実してきているように思われる。私自身、中学、高校の地理教科書を執筆した経験があるので、「限られたページ数」のなかで、多岐にわたる内容を取り上げ、工夫しながらよくまとめられていることに感心する。

しかし、アジア・太平洋戦争に関するページ数は、やはり短すぎるのではないだろうか。第3章で取り上げたシンガポールの教科書における充実した記述と比較すると、日本の教科書におけるアジア・太平洋戦争についての記述はあまりに乏しいと言わざるを得ない。現行の日本の中学・高校の学習のなかで二〇世紀の歴史というのは軽視されているように思うし、もっと丁寧かつ詳細に学ばれるべきではなかろうか。

近年、歴史総合という科目が話題になっているが、アジア・太平洋戦争については日本史と世界史の両方の視点から学ばなければならないし、そうした科目において積極的に取り上げていく必要があるだろう。加えて、地理や公民、国語など、さまざまな科目の授業でも多様な視点から取り上げていくことも欠かせない。

むろん戦争については、単に学校教育で学ぶだけでは不十分である。日常のテレビ、新聞、インターネット上のニュースなどに、自らが関心を寄せることが重要である。また、ときには、自らの足で戦場となった場所を訪れると、戦争の恐ろしさ、惨たらしさなどを再認識することができる。

かつてポーランドのアウシュビッツ強制収容所を訪れた際、私は現場を見てあらためて大きなショックを受けた。真剣に展示の説明を読んでいたドイツから来た高校生グループの姿が忘れられない。

また、オランダのアムステルダムの「アンネ・フランクの家」（ナチスの迫害から逃れるためアンネ一家が隠れ家として住んでいた家）を音声ガイドを聞きながら見学していたときには、何度も涙が出てきた。ベトナム戦争が終わって、サイゴン（現、ホーチミン）の戦地を訪れた際、戦争の資料館で展示に見入っていたアメリカ人青年の姿も脳裏に焼き付いている。

東京・新宿の都庁近くに平和祈念展示資料館がある。アジア・太平洋戦争における兵士、戦後強制抑留者、海外からの引揚者に関する資料などを展示している。ここで、二〇二三年一月から四月まで、企画展「言葉は海を越えて　収容所《ラーゲリ》と日本を結んだ葉書」が開かれた。私が訪れた際、参観者の大部分が若者であったのには驚いた。映画『ラーゲリより愛を込めて』を見て関心をもった人たちが、特別展に足を運んだのだろう。このような行動の積み重ねが、戦争への理解を深めることにつながるのである。

ある戦争に「終戦」はあっても、同じようなことがまた形を変えて引き起こされる。その意味では戦争が終わることはなく、ずっと続いているように思えてならない。今日の戦争は、過去の戦争とつながる点が多い。過去の戦争が今も繰り返されているのであり、その連鎖を断ち切る努力が求められているのである。

コラム

シベリア抑留から帰った三波春夫と吉田正

二〇二二年一二月、映画『ラーゲリより愛を込めて』が公開された。辺見じゅんの原作『収容所《ラーゲリ》から来た遺書』（文藝春秋、一九八九年）を映画化したものである。監督は瀬々《ぜぜ》敬久《たかひさ》、出演は二宮和也（主演）のほか、北川景子、松坂桃李などで、若い人たちの関心も集めた。「ラーゲリ」とは、終戦後、多くの日本人が収容されたソ連の収容所のことである。

日本の敗戦後、ソ連の一方的な裁判で戦犯扱いされた約六〇万人の日本人は、シベリアをはじめとするソ連やモンゴル領内へ連行され、長期にわたってラーゲリに収容された。厚生労働省によると、日本人のシベリア抑留では、軍人のほかに民間人の一部も対象となり、飢えや極寒、重労働のため、五万四〇〇〇人以上が犠牲になったという。

ソ連は、シベリア開発のために日本人捕虜を鉄道建設、炭鉱、土木、農作業などさまざまな労働に強制的に従事させた。それにより、日本への引き揚げが遅れた。シベリア抑留者の集団帰国は終戦から一一年目の一九五六年に終了した。

シベリア抑留者の中にも著名人がいる。歌手、三波春夫と作曲家、吉田正の例をみてみよう。

「お客様は神様です」というフレーズで知られる歌手の三波春夫（一九二三—二〇〇一）は、一九六四年開催の東京オリンピックのテーマソング「東京五輪音頭」を歌い、そのレコードは記録的な大ヒットとなった。一九七〇年開催の日本万国博覧会（大阪万博）のテーマソング「世界の国からこんにちは」も、複数の歌手による競作であったが、三波春夫の歌がもっとも人気が高かった。

一九二三（大正一二）年、新潟で生まれた三波春夫は、一六歳で浪曲師となった。一九四四（昭和一九）年陸軍に入り、満洲へ配属された。終戦後、ソ連軍によりシベリアに抑留され、ハバロフスクでは市立音楽堂の補修工事にも従事させられたという。

琿春郊外の防川展望台からの国境地帯の景観（筆者撮影）

シベリアの収容所では、寒さ、飢え、疲労で苦しんでいた戦友たちに、毎晩のように浪曲を語って励ましていたという。四年間のシベリア抑留生活を終え、一九四九年九月、舞鶴港に帰還した（三波 一九六四）。「今日も暮れゆく　異国の丘に　友よ辛かろ　切なかろ」の歌詞で始まる「異国の丘」には、興味深いストーリーがある。

後に歌謡曲の有名な作曲家になる吉田正は、一九四二年、徴兵されて満洲に派遣された。翌年、陸軍上等兵であった吉田正が満洲で作曲したのが「大興安嶺突破演習の歌」であった。この歌は、シベリア抑留兵の間で広く歌われるようになったという。

一九四五年八月九日、ソ連が侵攻してきたとき、吉田正は「ソ満鮮国境」（現在のロシア、中国、北朝鮮の国境）近く、吉林省の東端に位置する琿春《こんしゅん》にいた（写真）。戦闘で重傷を負った吉田正はそのまま捕虜となり、クラスキノ（琿春の東南約四〇キロメートル）、アルチョーム（ウラジオストクの北東三〇キロメートルあまり）などで森林伐採などに従事、三年近く抑留生活を送った。

吉田正が舞鶴港へ帰還できたのは一九四八年であった。すると吉田が満洲で作曲した歌が「俘虜の歌える」という曲名に変わり、作曲者不明のまま、NHKの「のど自慢」で元シベリア抑留者が歌って合格の鐘を鳴らしたのである。

この歌は作曲者不明のままレコード化された。そのあと、吉田は自分が作曲者であることを名乗り出て認められ、「異国の丘」は大ヒット曲となっていった（吉田 二〇〇一）。

その後、吉田正は、「有楽町で逢いましょう」（一九五七年、フランク永井）、「潮来《いたこ》笠《がさ》」（一九六〇年、橋幸夫）、「いつでも夢を」（一九六二年、橋幸夫・吉永小百合のデュエット）などヒット曲を作曲し、若い歌手を次々に輩出、「吉田学校」と呼ばれるようになった。

一九六二年、「北風吹きぬく　寒い朝も」で始まる吉田正作曲の「寒い朝」は、吉永小百合のデビュー曲となり大ヒットした。吉永小百合も「吉田学校」の門下生といわれている。

吉永は、吉田正について次のように語っている。「この曲（「寒い朝」のこと）には、吉田先生のシベリア抑留時代の思いも込められていました。シベリアでは木の皮をはがして楽譜を書いていたそうです」（『朝日新聞』二〇二三年三月二〇日）。実際、吉田は樹木のそいだ皮やセメント袋の切れ端などに、ひそかに手に入れた鉛筆で詞を書き、五線を引いてメロディーを作っていたという（吉田 二〇〇一）。

映画『ラーゲリより愛を込めて』の監督、瀬々敬久は、インタビューで次のように語っている。「近過去で忘れられようとしている歴史の流れを、もう一回現代によみがえらせバトンタッチしていくことが大切だ」（『毎日新聞』二〇二二年一二月九日）。年齢を問わず、一人でも多くの人がこのような思いになることが重要ではないだろうか。

あとがき

私は、戦争が終わって六年後に生まれた。だから自らの戦争体験はない。ビルマ（現在のミャンマー）戦線に送られた父は、私が子どもの頃、よくビルマでの戦争体験を一方的に話していた。

私が小・中・高校時代、毎週、好きなテレビ番組の放送が待ち遠しかった。なかでも水曜、夜八時、アメリカの連続テレビドラマ『コンバット！』（TBS系列で一九六二年から六七年放映）は非常に楽しみで、一台のテレビを家族そろって見ていた。主人公のサンダース軍曹がドイツ軍との戦闘場面で、仲間とジョーク交じりで会話しているシーンでは、「命がけで戦争ばしようときに、冗談なんか言えるもんか」と父は福岡弁でつぶやいていた。われわれ子どもたちは、「今、大事な時やけん、ちょっと黙っといて！」と叫んだものである。何かにつけて、戦争の話がよく出てきた。「また、戦争の話！」とうんざりした。

本書の執筆をしながら、著者である私自身が父の戦争体験をあまり知らないままでいることが恥ずかしくなってきた。大学進学で生まれ育った福岡市の実家を離れて以来、里帰りしたときにでも、父からゆっくりビルマでの戦争体験を聞こうと思いながら、「今度、今度……」と先延ばしにしてきた。そんな父も一〇年ほど前に他界した。今になって考えてみれば、私自身、戦争に関する基本的知識が不足していたため、父から戦争の話を詳しく聞こうという意欲が乏しかったのだ。

本書の執筆をしているときに、自分の戦争体験を少しずつ書き溜めていた父の文章が残っていることを知った。それらを読むと、父のビルマでの戦争体験がわずかながら見えてきた。

太平洋戦争が始まった明くる年の一九四二(昭和一七)年二月、父は現在の北九州市の門司《もじ》港を出発し、ベトナムのサイゴン(現在のホーチミン)に寄港し、三月にビルマの首都、ラングーン(現在のヤンゴン)に上陸した。父の話のなかには、ラングーン、マンダレー、ラシオ(ラーショー)、サルウィン川などの地名がよく出てきた。地図で調べてみると、蔣介石率いる中国国民政府を支援する物資を運ぶ援蔣ルートであるビルマ雲南ルート(通称、ビルマルート)のビルマ側の起点がラシオであった。父の部隊は、このビルマルートを断絶するのが役目であったようだ。

日本の敗戦が近づくと、食糧が乏しくなり、病気になる兵隊が増えた。父もアメーバ赤痢にかかり、危うく死ぬところであったという。日本の敗戦により捕虜となった父は、トングー（ラングーンとマンダレーの中間に位置）などの捕虜収容所でさまざまな作業に従事させられた。トングーの近くで収容所まで四列縦隊で歩かされた際、列の端にいた父は、ビルマ人から罵声を浴びせられ、唾を吐きかけられたという。とはいえ、父は私たちにはビルマ人の悪口などはほとんど言わなかった。

ビルマで日本軍が戦ったのは英印軍であった。英印軍の指揮官はイギリス人で、兵士はインド人であった。イギリス人の指揮官が見ていないところでは、日本兵にやさしいインド兵が結構いたようだ。あるとき、インド兵が甘いコンデンスミルクをかけた食パンを父にくれた。「世の中にこげなうまかもんがあるとねぇ！　こげなうまかもんば食べようイギリスに、日本が勝てるわけはなか」と、その味にびっくりしたそうだ。父親が私たち子どもを連れて魚釣りに行くとき、父の弁当は、決まって食パンと缶入りのコンデンスミルクであった。「オレは、これがあればよか」と口癖のように言っていたのが思い出される。

終戦の翌年、捕虜収容所から解放された父は、一九四六年七月、ラングーンを出発し、広島市の宇品《うじな》港に帰還した。父が所属していた龍兵団とよばれる師団の二万八九八〇名のうち、生還できたのは一万一〇八五名（全体の三八パーセント）だったそうだ。もし父が戦死していたら、当然ながら私も生まれていなかったのである。

父の理解と支援のおかげで、私は大学院に進学させてもらい、大学の教員になることができた。講義のなかで東南アジア、中国、アメリカなど世界各地について話をしてきた経験からいえば、アジア・太平洋戦争に関する学生の知識は、残念ながら乏しいと言わざるを得ない。高校の世界史や日本史の授業で、アジア・太平洋戦争について学んだはずである。しかし、思い起こせば私自身も、高校生のときの世界史、日本史の授業では「時間がないので、太平洋戦争のところは、自分でよく勉強しておきなさい」と先生に言われて、三学期の授業が終了したような記憶がある。

アジア・太平洋戦争に関しては、戦争をテーマとする歴史小説、戦争を記録した本や写真集、軍人の伝記などが数多く見られる。その一方で、戦場となった地域で生活していた民間人についての読者の関心・知識は乏しいといえよう。戦争では、単に敵味方の軍隊が衝突するだけではない。戦場となった地域は、多くの民間人が生活している場所である。また、戦争は一時期の話だけで終わるものではない。今につながる話であることを認識する必要がある。

アジア・太平洋戦争は、従来、単に太平洋戦争とも呼ばれてきた。その名称が示すように、日本ではハワイ真珠湾の奇襲攻撃以降のアメリカとの戦争のイメージが強く、中国・東南アジアにおける戦争についての認識や関心は乏しいのではないだろうか。そういう思いが強くなって、本書を執筆したい、執筆しなければならないと思った次第である。

本書が刊行できたのは、私の前著『横浜中華街――世界に誇るチャイナタウンの地理・歴史』(筑摩選書、二〇二一年刊)と同様、筑摩書房、第一編集室の河内卓さんのご理解と貴重なアドバイスがあったおかげである。また、第二編集室の田所健太郎さんにも、速やかに編集作業をしていただき、たいへんお世話になった。心より感謝申し上げる。

二〇二三年五月

山下清海

Secondary History Project Team (1994): *History of Modern Singapore*. Longman Singapore.

蔡史君（2017）:「昭南島的淪桑 —— 華僑“排斥論”與“利用論”交識下的軍政」，柯木林主編『新加坡華人通史』海峡出版発行集団・福建人民出版社（福州），pp. 731-744.
李光耀（1998）:『李光耀回憶録（1923-1965）』世界書局（台北）.
陸培春（2021）:『新加坡淪陥的教訓 —— 紀念新加坡淪陥80周年』陸培春留日中心（クアラルンプール）.
森美蘭中華大會堂（1988）:『日治時期森州華族蒙難史料』森美蘭中華大會堂（マレーシア、スレンバン）.
莊惠泉（原出版人），許雲樵（原編者），蔡史君（編修）（1984）:『新馬華人抗日史料 —— 1937-1945』文史出版（シンガポール）.

林博史（2007）：『シンガポール華僑粛清――日本軍はシンガポールで何をしたのか』高文研.
松岡昌和（2019）：「シンガポールにおける戦後復興の記憶――歴史教科書と戦跡施設の展示に見る「戦争が遺したもの」」『マレーシア研究』第7号，79-106.
前田貞昭（1987）：「井伏鱒二の占領体験――異民族支配と文学（シンガポールの場合）」『岐阜大学国語国文学』18巻，43-57.
山下清海（1988）：『シンガポールの華人社会』大明堂.
渡辺洋介（2019）：「マレー半島における戦争の記憶をめぐる相克――歴史教科書と戦争の追悼活動の分析を中心に」『マレーシア研究』第7号，107-115.
リー・クアンユー（2000）：『リー・クアンユー回顧録――ザ・シンガポール・ストーリー（上・下）』（小牧利寿訳）日本経済新聞出版.
リー・クーンチョイ（1987）：『南洋華人』（花野敏彦訳）サイマル出版会.
陸培春（1997）：『観光コースでないマレーシア・シンガポール』高文研.

Archives & Oral History Department (1985): *The Japanese Occupation: Singapore 1942–1945.* Singapore News & Publications Ltd.
Curriculum Development Institute of Singapore (1994): *History of Modern Singapore* (Second Edition). Longman Singapore Publishers, Singapore.〔First Edition は 1984 年刊行〕
Curriculum Planning & Development Division, Ministry of Education, Singapore (2021): *Social Studies. Primary 4B.* Star Publishing, Singapore.
Curriculum Planning & Development Division, Ministry of Education, Singapore (2022): *Singapore: A Journey Through Time, 1299–1970s. Secondary One.* Star Publishing, Singapore.
Curriculum Planning & Development Division, Ministry of Education, Singapore (2022): *Singapore: A Journey Through Time, 1299–1970s. Secondary Two.* Star Publishing, Singapore.
Liu Kang (2014): *Chop Suey.* Global Publishing, Singapore〔劉抗 (1994)：『雑』八方文化創作室（シンガポール）〕（英語・中国語併記）.

櫻本富雄（1986）：『【大本營發表】シンガポールは陥落せり』青木書店.
篠崎護（1976）：『シンガポール占領秘録――戦争とその人間像』原書房.
シンガポール日本人会編（1978）：『南十字星――シンガポール日本人会の歩み』シンガポール日本人会.
シンガポール・ヘリテージ・ソサエティ編，リー・ギョク・ボイ著（2013）：『日本のシンガポール占領――証言＝「昭南島」の三年半　新訂版』（越田稜・新田準訳）凱風社.
高嶋伸欣編（1997）：『写真記録 東南アジア　歴史・戦争・日本　3 マレーシア・シンガポール』ほるぷ出版.
高嶋伸欣・鈴木晶・高嶋道・渡辺洋介（2016）：『旅行ガイドにないアジアを歩く――シンガポール』梨の木舎.
高嶋伸欣・関口竜一・鈴木晶（2010）：『旅行ガイドにないアジアを歩く――マレーシア』梨の木舎（増補改訂版，2018年）.
高嶋伸欣・林博史編集・解説，村上育造訳（1989）：『マラヤの日本軍――ネグリセンビラン州における華人虐殺』青木書店.
田村慶子編著（2021）：『シンガポールを知るための65章（第5版）』明石書店.
辻政信（2009）：『シンガポール攻略』毎日ワンズ.
中島正人（1985）：『謀殺の航跡――シンガポール華僑虐殺事件』講談社.
中野不二男（1988）：『マレーの虎　ハリマオ伝説』新潮社（文春文庫，1994年）.
西原大輔（2017）：『日本人のシンガポール体験――幕末明治から日本占領下・戦後まで』人文書院.
「日本の英領マラヤ・シンガポール占領期史料調査」フォーラム編（1998）：『インタビュー記録 日本の英領マラヤ・シンガポール占領（一九四一～四五年）』龍溪書舎.
原不二夫（2001）：『マラヤ華僑と中国――帰属意識転換過程の研究』龍溪書舎.
福田和也（2004）：『山下奉文――昭和の悲劇』文藝春秋（『昭和の悲劇　山下奉文』文春文庫，2008年）.
劉抗（1990）：『チョプスイ――シンガポールの日本兵たち』（中原道子訳・解説）めこん.
林博史（1992）：『華僑虐殺――日本軍支配下のマレー半島』すずさわ書店.

POW 訳）雄山閣.
山下清海（1987）:『東南アジアのチャイナタウン』古今書院.
吉川利治（1994）:『泰緬鉄道 ── 機密文書が明かすアジア太平洋戦争』同文舘出版（普及版，雄山閣，2019 年）.
吉川利治編著（1992）:『近現代史のなかの「日本と東南アジア」』東京書籍.

【シンガポール・マレーシア】

明石陽至編（2001）:『日本占領下のマラヤ・シンガポール』岩波書店.
綾部恒雄・石井米雄編（1994）:『もっと知りたいマレーシア（第 2 版）』弘文堂.
石渡延男・益尾恵三編（1988）:『外国の教科書の中の日本と日本人 ── 日本の高校生がシンガポールの中学教科書を翻訳して再発見した日本近代史』一光社.
井伏鱒二（1943）:「昭南タイムズ発刊の頃」『サンデー毎日』1943 年 1 月 17 日（井伏 1996, pp. 173-181 所収）.
井伏鱒二（1996）:『花の町・軍歌「戦友」』講談社文芸文庫.
岩崎育夫（1996）:『リー・クアンユー ── 西洋とアジアのはざまで』岩波書店.
岩崎育夫（2013）:『物語　シンガポールの歴史』中公新書.
岩武照彦（1983）:「初期南方軍政のふたつのタイプ」『東南アジア歴史と文化』12 号，91-138.
大西覚（1977）:『秘録昭南華僑粛清事件』金剛出版.
沖修二（1959）:『人間山下奉文 ── 悲劇の将軍』日本週報社.
許雲樵・蔡史君編（1986）:『日本軍占領下のシンガポール ── 華人虐殺事件の証明』（田中宏・福永平和訳）青木書店.
小西誠（2014）:『シンガポール戦跡ガイド ──「昭南島」を知っていますか ?』社会批評社.
小林正弘（1986）:『シンガポールの日本軍 ── 日本人の東南アジア観にふれながら』平和文化.
蔡史君（1991）:「日本軍政と「華僑」」，戴國煇編『もっと知りたい華僑』弘文堂所収.
ザイナル・アビディン・ビン・アブドゥル編（1983）:『マレーシアの歴史』（野村享訳）山川出版社.
サイレンバーグ，ジョン・バートラム・ヴァン（1988）:『思い出のシンガポール ── 光の日々と影の日々』（幸節みゆき訳）幻想社.

の限界』中公新書.
新井恵美子（1996）:『モンテンルパの夜明け』潮出版社.
新井恵美子（2015）:『死刑囚の命を救った歌──渡辺はま子「あゝモンテンルパの夜は更けて」』北辰堂出版.
小神野真弘（2018）:『アジアの人々が見た太平洋戦争』彩図社文庫.
笠原十九司（2018）:『増補　南京事件論争史──日本人は史実をどう認識してきたか』平凡社ライブラリー.
梶村太一郎・村岡崇光・糟谷廣一郎（2008）:『「慰安婦」強制連行──［史料］オランダ軍法会議資料×［ルポ］私は“日本鬼子”の子』金曜日.
加藤裕（2015）:『大東亜戦争とマレー、昭南、英領ボルネオ──虐殺の真相』朱鳥社.
越田稜編著（1995）:『アジアの教科書に書かれた日本の戦争　東南アジア編　増補版』梨の木舎.
小林弘忠（2013）:『遥かな空　泰緬鉄道──その生と死』毎日新聞社.
佐藤義朗編（1997）:『フィリピンの歴史教科書から見た日本』明石書店.
戦争犠牲者を心に刻む会編（2000）:『インドネシア　侵略と独立』東方出版.
高嶋伸欣（1987）:『旅しよう東南アジアへ──戦争の傷跡から学ぶ』岩波ブックレット.
チョーカー，ジャックほか（2008）:『歴史和解と泰緬鉄道──英国人捕虜が描いた収容所の真実』（根本尚美訳）朝日選書.
津田浩司（2023）:『日本軍政下ジャワの華僑社会──『共栄報』にみる統制と動員』風響社.
永瀬隆（1986）:『「戦場にかける橋」のウソと真実』岩波ブックレット.
中田整一（2004）:『モンテルンパの夜はふけて』NHK 出版.
バーカー，A. J.（1976）:『“マレーの虎”山下奉文──栄光のシンガポール攻略戦』（鳥山浩訳）サンケイ新聞社出版局.
バドリカ，イ・ワヤン（2008）:『インドネシアの歴史──インドネシア高校歴史教科書』（石井和子監訳）明石書店.
早瀬晋三（2007）:『戦争の記憶を歩く──東南アジアのいま』岩波書店.
モートン，アルバート（2009）:『泰緬鉄道からの生還──ある英国兵が命をかけて綴った捕虜日記　一九四二〜一九四五』（チーム

高文研.
中村雪子（1983）:『麻山事件 —— 満洲の野に婦女子四百余名自決す』草思社（草思社文庫，2011 年）.
秦郁彦（2007）:『南京事件 ——「虐殺」の構造　増補版』中公新書.
羽田令子（2006）:『李香蘭、そして私の満州体験 —— 日本と中国のはざまで』社会評論社.
半藤一利（1998）『ノモンハンの夏』文藝春秋（文春文庫，2001 年）.
平井美帆（2015）:『中国残留孤児　70 年の孤独』集英社インターナショナル.
平井美帆（2022）:『ソ連兵へ差し出された娘たち』集英社.
保阪正康・辻田真佐憲編（2022）:『文藝春秋が見た戦争と日本人』文藝春秋.
前田啓介（2021）:『辻政信の真実　失踪 60 年 —— 伝説の作戦参謀の謎を追う』小学館新書.
三波春夫（1964）:『すべてを我が師として』映画出版社.
安井三吉（2004）:『柳条湖事件から盧溝橋事件へ —— 一九三〇年代華北をめぐる日中の対抗』研文出版.
山口淑子（2004）:『「李香蘭」を生きて（私の履歴書）』日本経済新聞出版.
山口淑子・藤原作弥（1990）:『李香蘭　私の半生』新潮文庫.
山下清海（2017）:「中国の延辺朝鮮族自治州 —— 図們江の中朝国境地帯を巡る」『E-journal GEO』12 巻 2 号.
山下清海編（2015）:『改革開放後の中国僑郷 —— 在日老華僑・新華僑の出身地の変容』明石書店.
吉田正（2001）:『生命ある限り —— 吉田正・私の履歴書』日立市民文化事業団，ひたち市民双書.
吉中丈志（2022）:『七三一部隊と大学』京都大学学術出版会.
四方田犬彦編（2001）:『李香蘭と東アジア』東京大学出版会.
蘭信三編（2009）:『中国残留日本人という経験 ——「満洲」と日本を問い続けて』勉誠出版.

【東南アジア】
会田雄次（1962）:『アーロン収容所 —— 西欧ヒューマニズムの限界』中公新書.
会田雄次（1988）:『アーロン収容所再訪』中公文庫.
会田雄次（2018）:『アーロン収容所　改版 —— 西欧ヒューマニズム

雄『政界ジープ』』花伝社.
加藤哲郎（2018）：『731部隊と戦後日本──隠蔽と覚醒の情報戦』花伝社.
加藤哲郎・小河孝（2022）：『731部隊と100部隊──知られざる人獣共通感染症研究部隊』花伝社（発売：共栄書房）.
加藤登紀子（2022）：『百万本のバラ物語』光文社.
加藤陽子（2007）：『満州事変から日中戦争へ　シリーズ日本近現代史⑤』岩波新書.
川恵実・NHK　ETV特集取材班（2020）：『告白──岐阜・黒川満蒙開拓団73年の記録』かもがわ出版.
川村一之（2023）：『七三一部隊1931-1940──「細菌戦」への道程』不二出版.
貴志俊彦・松重充浩・松村史紀編（2012）：『二〇世紀満洲歴史事典』吉川弘文館.
郡司陽子（1982）：『【証言】七三一石井部隊──今、初めて明かす女子隊員の記録』徳間書店.
郡司陽子（1982）：『【真相】石井細菌戦部隊──極秘任務を遂行した隊員たちの証言』徳間新書.
越田稜編著（1995）：『アジアの教科書に書かれた日本の戦争　東アジア編　改訂版』梨の木舎.
小林慶二・福井理文（2005）：『観光コースでない「満州」──瀋陽・長春・ハルビン・大連・旅順』高文研.
小林英夫（2007）：『日中戦争──殲滅戦から消耗戦へ』講談社現代新書.
小林英夫（2015）：『甘粕正彦と李香蘭──満映という舞台〈ステージ〉』勉誠出版.
清水潔（2016）：『「南京事件」を調査せよ　mission 70th』文藝春秋（文春文庫，2017年）.
薛化元主編（2020）：『詳説　台湾の歴史──台湾高校歴史教科書』（永山英樹訳）雄山閣.
田中正明（2007）：『「南京事件」の総括』小学館文庫.
田中克彦（2009）：『ノモンハン戦争──モンゴルと満洲国』岩波新書.
辻政信（2020）：『ノモンハン秘史　完全版』毎日ワンズ.
常石敬一（1995）：『七三一部隊──生物兵器犯罪の真実』講談社現代新書.
常石敬一（2022）：『731部隊全史──石井機関と軍学官産共同体』

岩波書店.
林博史（2005）:『BC 級戦犯裁判』岩波新書.
藤原彰監修（1988）:『戦争の真実を授業に ―― 15 年戦争の加害と責任を考える』あゆみ出版.
毎日新聞社編（1978）:『1 億人の昭和史　日本の戦史 7　太平洋戦争 1』毎日新聞社.
村井吉敬・城戸一夫・越田稜編（1988）:『アジアと私たち ―― 若者のアジア認識』三一書房.
山崎雅弘（2022）:『太平洋戦争秘史 ―― 周辺国・植民地から見た「日本の戦争」』朝日新書.
山下清海（2016）:『新・中華街 ―― 世界各地で〈華人社会〉は変貌する』講談社選書メチエ.
山下清海（2023）:『華僑・華人を知るための 52 章』明石書店.
吉田裕（2017）:『日本軍兵士 ―― アジア・太平洋戦争の現実』中公新書.
吉田裕・森武麿・伊香俊哉・高岡裕之編（2015）:『アジア・太平洋戦争辞典』吉川弘文館.
蘭信三編（2013）:『帝国以後の人の移動 ―― ポストコロニアリズムとグローバリズムの交錯点』勉誠出版.

【中国・韓国・ロシア】
青木冨貴子（2008）:『731 ―― 石井四郎と細菌戦部隊の闇を暴く』新潮文庫.
「アジア・太平洋地域の戦争犠牲者に思いを馳せ、心に刻む集会」実行委員会編（1994）:『七三一部隊』東方出版.
伊香俊哉（2007）:『満州事変から日中全面戦争へ』吉川弘文館.
五木寛之（2020）:『こころの相続』SB 新書.
伊藤純郎（2021）:『満蒙開拓 青少年義勇軍物語 ――「鍬の戦士」の素顔』信濃毎日新聞社，信毎選書.
牛島康允（1988）:『ノモンハン全戦史』自然と科学社.
大久保真紀（2006）:『中国残留日本人 ――「棄民」の経過と、帰国後の苦難』高文研.
加藤聖文（2017）:『満蒙開拓団 ―― 虚妄の「日満一体」』岩波現代全書.
加藤聖文（2023）:『満蒙開拓団 ―― 国策の虜囚』岩波書店（岩波現代文庫）.
加藤哲郎（2017）:『「飽食した悪魔」の戦後 ―― 731 部隊と二木秀

参考文献

【全般】

安達宏昭（2022）:『大東亜共栄圏――帝国日本のアジア支配構想』中公新書.

内海愛子・田辺寿夫編著（1995）:『アジアからみた「大東亜共栄圏」 増補版』梨の木舎.

内海愛子, G・マコーマック, H・ネルソン編著（1994）:『泰緬鉄道と日本の戦争責任――捕虜とロームシャと朝鮮人と』明石書店.

NHK 取材班（1984）:『どう映っているか日本の姿――世界の教科書から』日本放送出版協会.

華僑華人の事典編集委員会編（2017）:『華僑華人の事典』丸善出版.

可児弘明・斯波義信・游仲勲編（2002）:『華僑・華人事典』弘文堂.

河西晃祐（2016）:『大東亜共栄圏――帝国日本の南方体験』講談社選書メチエ.

児島襄（1969）:『史説　山下奉文』文藝春秋（文春文庫, 1979 年).

後藤乾一（2022）:『日本の南進と大東亜共栄圏』めこん.

全国憲友会連合会編纂委員会編（1976）:『日本憲兵正史』全国憲友会連合会本部.

太平洋戦争研究会編（2021）:『アジア太平洋戦争新聞』彩流社.

高嶋伸欣（1994）:『教科書はこう書き直された！』講談社.

田中利幸（2007）:『戦争犯罪の構造――日本軍はなぜ民間人を殺したのか』大月書店.

田中宏巳（2002）:『BC 級戦犯』ちくま新書.

東京裁判ハンドブック編集委員会編（1989）:『東京裁判ハンドブック』青木書店.

中田整一（2004）:『モンテンルパの夜はふけて――気骨の女・渡辺はま子の生涯』NHK 出版.

野見山剛（2022）:『若者たちの BC 級戦犯裁判――さまよう責任と埋もれた無念』dZERO.

秦郁彦・佐瀬昌盛・常石敬一監修（2002）:『世界戦争犯罪事典』文藝春秋.

林英一（2012）:『残留日本兵――アジアに生きた一万人の戦後』中公新書.

林博史（1998）『裁かれた戦争犯罪――イギリスの対日戦犯裁判』

ちくま新書
1736

日本《に》人《ほんじん》が知《し》らない戦争《せんそう》の話《はなし》
――アジアが語《かた》る戦場《せんじょう》の記憶《きおく》

二〇二三年七月一〇日　第一刷発行
二〇二四年二月一〇日　第二刷発行

著者　山下清海（やました・きよみ）
発行者　喜入冬子
発行所　株式会社 筑摩書房
東京都台東区蔵前二-五-三　郵便番号一一一-八七五五
電話番号〇三-五六八七-二六〇一（代表）
装幀者　間村俊一
印刷・製本　株式会社 精興社

ISBN978-4-480-07568-0 C0020

ちくま新書

948
日本近代史
坂野潤治
この国が革命に成功し、わずか数十年でめざましい近代化を実現しながら、やがて崩壊へと突き進まざるをえなかったのはなぜか。激動の八〇年を通観し、捉えなおす。

1184
昭和史
古川隆久
日本はなぜ戦争に突き進んだのか。私たちは、何を失い、何を手にしたのか。開戦から敗戦、復興、そして高度成長へと至る激動の64年間を、第一人者が一望する決定版！

1136
昭和史講義
――最新研究で見る戦争への道
筒井清忠編
なぜ昭和の日本は戦争へと向かったのか。複雑きわまる戦前期を正確に理解すべく、俗説を排して信頼できる史料に依拠。第一線の歴史家たちによる最新の研究成果。

1194
昭和史講義2
――専門研究者が見る戦争への道
筒井清忠編
なぜ戦前の日本は破綻への道を歩んだのか。その原因をより深く究明すべく、二十名の研究者が最新研究の成果を結集する。好評を博した昭和史講義シリーズ第二弾。

1266
昭和史講義3
――リーダーを通して見る戦争への道
筒井清忠編
昭和のリーダーたちの決断はなぜ戦争へと結びついたのか。近衛文麿、東条英機ら政治家・軍人のキーパーソン15名の生い立ちと行動を、最新研究によって跡づける。

1341
昭和史講義【軍人篇】
筒井清忠編
戦争の責任は誰にあるのか。東条英機、石原莞爾、山本五十六ら、戦争を指導した帝国陸海軍の軍人たちの実像を最新研究をもとに描きなおし、その功罪を検証する。

1508
昭和史講義【戦後篇】(上)
筒井清忠編
実証研究に基づき最先端の研究者が執筆する『昭和史講義』シリーズがいよいよ戦後に挑む。上巻は占領期から55年体制の成立まで、全20講で幅広いテーマを扱う。

ちくま新書

1223
日本と中国経済
——相互交流と衝突の一〇〇年
梶谷懐
「反日騒動」や「爆買い」は今に始まったことではない。近現代史を振り返ると日中の経済関係はアンビバレントに進んできた。この一〇〇年の政治経済を概観する。

1679
韓国の変化 日本の選択
——外交官が見た日韓のズレ
道上尚史
飛躍的な変化を見せる韓国とどう向き合うべきか。長く韓国に駐在し、現地事情に精通した外交官が、韓国市民の日本観を冷静に分析。日本の進むべき道を提言する。

1483
韓国 現地からの報告
——セウォル号事件から文在寅政権まで
伊東順子
セウォル号事件、日韓関係の悪化、文在寅政権下の分断……二〇一四～二〇年のはじめまで、何が起こり、人びとは何を考えていたのか？ 現地からの貴重なレポート。

1503
元徴用工 和解への道
——戦時被害と個人請求権
内田雅敏
日韓関係に影を落とす元徴用工問題。解決済とする日本政府も補償を求める彼らの個人請求権は認めている。戦後75年間放置されている戦時被害を直視し和解を探る。

1565
歴史認識 日韓の溝
——分かり合えないのはなぜか
渡辺延志
日本人が当事者でありながら忘れ去った朝鮮の民衆の苦難の歴史。その真相を新たな研究成果や資料をもとに探りつつ、日韓歴史認識の溝を埋める可能性を考察する。

1512
香港とは何か
野嶋剛
選挙介入や国家安全法の導入決定など、中国の横暴がすさまじい。返還時の約束が反故にされた香港。若者中心の抵抗運動から中米対立もはらむ今後の見通しまで。

1185
台湾とは何か
野嶋剛
国力において圧倒的な中国・日本との関係を深化させる台湾。日中台の複雑な三角関係を波乱の歴史、台湾の社会・政治状況から解き明かし、日本の針路を提言。